Vida pascal cristã e seus símbolos

Dados Internacionais de Catalogação na Publicação (CIP)
(Câmara Brasileira do Livro, SP, Brasil)

Beckhäuser, Alberto
  Vida pascal cristã e seus símbolos / Frei Alberto Beckhäuser ; ilustrações de André Gross. – Petrópolis, RJ : Vozes, 2006.
  ISBN 85.326.3243-2
  Bibliografia.
  1. Ano litúrgico 2. Jesus Cristo – Ressurreição 3. Mistério pascal. 4. Páscoa – Celebrações 5. Simbolismo 6. Vida cristã I. Gross, André. II. Título.

05-7958   CDD-263.93

Índices para catálogo sistemático:
  1. Páscoa : Simbolismo : Cristianismo   263.93
  2. Vida pascal cristã : Símbolos : Cristianismo
                                          263.93

Frei Alberto Beckhäuser, OFM

Vida pascal cristã e seus símbolos

EDITORA
VOZES

Petrópolis

© 2006, Editora Vozes Ltda.
Rua Frei Luís, 100
25689-900 Petrópolis, RJ
Internet: http://www.vozes.com.br
Brasil

Todos os direitos reservados. Nenhuma parte desta obra poderá ser reproduzida ou transmitida por qualquer forma e/ou quaisquer meios (eletrônico ou mecânico, incluindo fotocópia e gravação) ou arquivada em qualquer sistema ou banco de dados sem permissão escrita da Editora.

Editoração: Elaine Mayworm Lopes
Ilustração: André Gross
Projeto gráfico e capa: AG.SR Desenv. Gráfico

ISBN 85.326.3243-2

Este livro foi composto e impresso pela Editora Vozes Ltda.

*A ti, homem, mulher pascal,
em tua sublime missão
de encarnar o mistério pascal
através da Liturgia e da vida!*

Sumário

Introdução, 9

1. O que é Páscoa, 11
2. Páscoa no sentido religioso, 15
3. Jesus Cristo, a Páscoa verdadeira, 18
4. O mistério pascal, 23
5. O mistério pascal vivido nos sacramentos, 28
6. O mistério pascal em outras celebrações, 49
7. O Domingo, Páscoa semanal, 57
8. O mistério pascal desdobrado durante o ano, 60
9. A celebração anual da Páscoa, 65
10. Símbolos da celebração anual da Páscoa, 69
11. Experiências pascais dos cristãos na vida diária, 95

Conclusão, 107

Índice geral, 109

Introdução

A vida cristã é por sua natureza uma vida pascal, uma vida em dinâmica pascal. Toda ela gira em torno da Páscoa, não apenas da celebração da Páscoa cristã anual ou do Tríduo Pascal celebrado pela Igreja. Toda a Liturgia cristã tem caráter pascal. Não só a Liturgia celebrada, mas toda a vida cristã.

A Páscoa aparece como dimensão central da fé e da vida cristã. No entanto, ela é muito pouco conhecida e praticada. A dimensão pascal da vida cristã está muito distante da consciência dos cristãos católicos no Catolicismo vivido no Brasil desde sua primeira evangelização. Houve, certamente, um progresso nesse sentido a partir do Concílio Vaticano II, que procurou resgatar a centralidade do mistério pascal na reforma de toda a Liturgia. Há, porém, um longo caminho a percorrer no resgate dessa dimensão central de nossa fé.

Este livro quer tratar dos símbolos da Páscoa não só em sua celebração anual, mas da Páscoa no seu sentido mais amplo em toda a expressão da vida litúrgica e da vida cristã no dia-a-dia.

Assim, dedicaremos uma primeira parte, quatro capítulos, à compreensão da Páscoa como tal. Depois, em cinco capítulos, trataremos da dimensão pascal dos sacramentos e de outras celebrações litúrgicas, como o

Ano litúrgico e a celebração do Dia do Senhor. Em seguida, realçaremos a celebração da Páscoa anual com seus símbolos. Por fim, teremos um capítulo sobre a vida pascal cristã na vida diária.

Os símbolos em si não se explicam. Falam por si mesmos. Eles são compreendidos e recebem significado sobretudo a partir da história, seja ela a história da salvação narrada pela Bíblia, seja a história dos indivíduos ou das comunidades e das diversas nações. A vida se reconhece nos fatos acontecidos na história. Para uma compreensão mais profunda dos símbolos pascais cristãos conta-se a história dos eventos pascais. Assim, os símbolos se tornam expressão ou linguagem do mistério da salvação.

Os símbolos pascais que ilustram o livro estiveram a cargo de André Gross, a quem agradecemos de coração. Agradeço também a Frei Antônio Moser pela provocação que me levou a escrever sobre os *símbolos de Páscoa*, a exemplo do que tenho feito em relação aos *símbolos de Natal*.

1

O que é Páscoa

Em busca da outra margem!

Páscoa? O que se entende por Páscoa? Feriadão da Semana Santa, Feriadão da Páscoa ou simplesmente Feriadão? Tempo favorável para se fugir das cidades? Páscoa das crianças? Ovo de chocolate? Páscoa do comércio? "A Páscoa deste ano foi boa, impulsionou o comércio, deu muito lucro", é o que se ouve nos meios de comunicação.

Esta é a compreensão de páscoa no mundo da comunicação, em nosso mundo globalizado, em nosso mundo do consumo, onde o que importa é o faturamento.

Ora, páscoa, palavra que vem do hebraico, significa passagem, travessia. Logo nos vem à mente a passagem do povo de Israel pelo mar Vermelho. Imaginemos também um rio. As pessoas atravessam o rio de carro, a cavalo ou a pé por um vau. Quer-se atingir a outra margem. É uma páscoa.

Páscoa, como fato, é sempre uma experiência de passagem de uma situação para outra melhor, não necessariamente no plano dos sentimentos, das emoções, mas da vida em seu todo, ou seja, uma situação objetivamente melhor, na qual existe a superação de um obstáculo. A passagem constitui uma libertação.

Nesta linha, a Segunda Conferência Geral do Episcopado Latino-Americano em Medellín assumiu o pensamento do Papa Paulo VI, expresso na Encíclica sobre o desenvolvimento dos povos, *Populorum Progressio*:

> *Assim como Israel, o antigo Povo sentia a presença salvífica de Deus quando da libertação do Egito, da passagem pelo mar Vermelho e da conquista da Terra Prometida, assim também nós, o Novo Povo de Deus, não podemos deixar de sentir sua passagem que salva quando se dá o*

verdadeiro desenvolvimento que é para todos e cada um, a passagem de condições menos humanas a condições mais humanas. Menos humanas: as carências materiais dos que são privados do mínimo vital, e as carências morais dos que são mutilados pelo egoísmo. Menos humanas: as estruturas opressivas, quer provenham dos abusos da posse ou do poder, da exploração dos trabalhadores ou da injustiça das transações. Mais humanas: a passagem da miséria à posse do necessário, a vitória sobre os flagelos sociais, o alargamento dos conhecimentos, a aquisição da cultura. Mais humanas também: a consideração crescente da dignidade dos outros, a orientação para o espírito de pobreza, a cooperação no bem comum, a vontade da paz. Mais humanas ainda: o reconhecimento, pelo homem, dos valores supremos, e de Deus que é a origem e o termo deles. Mais humanas, finalmente e sobretudo, a fé, dom de Deus acolhido pela boa vontade do homem, e a unidade da caridade de Cristo que nos chama a todos a participar como filhos na vida do Deus vivo, Pai de todos os homens (Intr. n. 6; cf. PP n. 20 e 21).

Estas experiências de páscoa, de páscoas-fatos, podem ser feitas no dia-a-dia da vida: individualmente, na vida familiar, na vida de fé, na vida social; no mundo do trabalho e no lazer, ou seja, nas diversas dimensões da vida do ser humano: o *homo orans* (o ser humano orante, religioso), o *homo sapiens* (o ser humano inteligente e sábio), o *homo faber* (o ser humano que trabalha, que transforma, que fabrica), o *homo ludens* (o ser humano que brinca, que joga, que cultiva as artes e o lazer), o *homo solidarius* (o ser humano que partilha, que é solidário com o próximo) e o *homo patiens* (o ser humano que sofre).

Para viver em dimensão pascal é importante que as pessoas tomem consciência das experiências de páscoa individualmente ou como comunidade ou povo.

2

Páscoa no sentido religioso

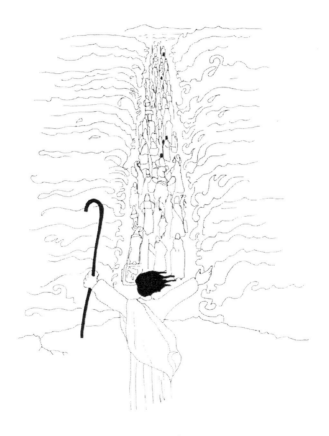

Salvo das águas!

No sentido religioso, páscoa não é simplesmente uma passagem para uma situação melhor. Convém lembrar que esta situação melhor não deve ser considerada apenas numa dimensão meramente humana, de um sentir-se bem no nível dos sentimentos, das emoções, como, por exemplo, um mero estado de euforia. A páscoa deverá ser percebida à luz da vocação e da missão do ser humano como um todo, desde sua origem até seu destino último.

Assim, podemos dizer que páscoa, no sentido religioso, é sempre uma passagem de uma situação para outra melhor por ação de Deus. Deus passa e o ser humano passa, melhor ainda, o ser humano passa por ação de Deus. Importante é perceber esta ação divina: passagem libertadora e salvadora, passagem de libertação e de salvação, de vida mais plena; passagem de aliança de Deus com os homens, aliança que exige uma resposta, um compromisso à oferta da aliança. Isso só pode dar-se no plano da fé.

O exemplo típico da páscoa de um povo temos no livro do Êxodo. Nele se descreve como Deus passa e o povo passa. Melhor, o povo de Israel passa da escravidão para a liberdade até a posse da Terra Prometida, apoiado na ação de Deus.

Deus passa libertando seu povo da escravidão do Egito, da morte, do não-povo, para constituí-lo seu povo fazendo com ele uma aliança. A passagem de Deus se manifesta por meio do anjo exterminador dos primogênitos dos egípcios. Deus passa através da ação de Moisés que divide as águas tocando nelas com um bastão. Deus passa concedendo ao povo as tábuas da lei, conduzindo e alimentando-o no deserto, favorecendo a travessia do rio Jordão e concedendo-lhe a terra onde corre leite e mel.

Por sua vez, o povo passa da situação de escravidão e de morte, passa pelo mar Vermelho a pé enxuto, atravessa o deserto, faz aliança com Deus aos pés do monte Sinai, é alimentado em sua caminhada, atravessa o rio Jordão e toma posse da Terra Prometida. Volta, de certa maneira, ao paraíso.

Esta travessia, passagem ou páscoa, exige uma partida, passa pela angústia – que significa estreiteza –, exige a superação de obstáculos para chegar ao gozo da vitória numa situação de vida e de felicidade.

A partir dessa experiência de passagem, o povo começa a celebrar a páscoa anualmente através da Ceia Pascal, semanalmente através da Liturgia da Palavra nas sinagogas aos sábados, e, diariamente, pelo louvor vespertino e matinal. Dessa forma, ele revive a páscoa da libertação e da aliança por meio do rito comemorativo, a páscoa celebrada, a páscoa vivida no rito.

Assim Deus continua passando pelo seu povo, libertando-o a cada geração e renovando sempre de novo a aliança. Celebrando a páscoa-fato, também o Povo de Deus, de geração em geração, vai passando, de libertação em libertação, renovando sempre a aliança com seu Deus.

3

Jesus Cristo, a Páscoa verdadeira

Deixei o Pai e vim ao mundo.
Agora deixo o mundo e volto para o Pai.

A Páscoa libertadora e de aliança, vivida pelo povo de Israel, era figura e preparação da grande passagem de Deus por este mundo. Esta passagem realiza-se pelo mistério da Encarnação do Verbo, Jesus Cristo, nosso Senhor e Salvador.

Jesus Cristo é a verdadeira páscoa. O Concílio Vaticano II resume assim este grande evento da história da Salvação:

> *Quando chegou a plenitude dos tempos, Deus enviou seu Filho, Verbo feito carne, ungido pelo Espírito Santo, para evangelizar os pobres, curar os contritos de coração, como "médico corporal e espiritual", mediador entre Deus e os homens. Sua humanidade, na unidade da pessoa do Verbo, foi o instrumento de nossa salvação. Pelo que, em Cristo, "ocorreu a perfeita satisfação de nossa reconciliação e nos foi comunicada a plenitude do culto divino"* (SC 5).

Os Evangelhos mostram como Jesus Cristo é a verdadeira passagem de Deus por este mundo, passagem (páscoa) de libertação e de nova e eterna aliança. Senão vejamos. No Evangelho segundo João, Jesus é apresentado por João Batista como o *"Cordeiro de Deus que tira o pecado do mundo"* (Jo 1,29.36). O capítulo 6 de São João pode ser considerado como um sermão do Êxodo, um sermão pascal. Jesus aparece como aquele que passa conduzindo a humanidade através do deserto, como o pão da vida, conduzindo-a até a Terra Prometida, a Pátria Celeste, a Vida Eterna.

Vejamos ainda algumas passagens de João, na Última Ceia e na grande oração sacerdotal: *"Antes da festa da Páscoa, já sabia Jesus que chegara a hora de passar deste mundo para o Pai"* (Jo 13,1). Logo em seguida: *"Sabendo que o Pai lhe pusera nas mãos todas as coisas e que saíra de Deus e para Deus voltava...*" (Jo 13,3). Ainda: "*Saí do Pai e vim ao mundo. Agora deixo o mundo e volto para junto do Pai*" (Jo 16,28). "*Porque lhes transmiti as palavras que me confiaste e eles as receberam e reconheceram verdadeiramente que saí de ti e creram que me enviaste*" (Jo 17,8). E logo em seguida se completa a compreensão da passagem de Cristo: "*Já não estou no mundo mas eles estão no mundo enquanto eu vou para ti*" (Jo 17,11). E: "*Mas agora vou para junto de ti*" (Jo 17,13).

O pensamento pascal volta na condenação de Jesus à morte. Jesus é comparado aos cordeiros que eram preparados para a festa da Páscoa dos judeus:

> *Quando Pilatos ouviu essas palavras, trouxe Jesus para fora e sentou-se no tribunal, no lugar chamado Pavimento de Pedra, em hebraico Gábata. Era a preparação para a Páscoa, por volta do meio-dia. Disse para os judeus: "Eis aí o vosso rei". Mas eles gritaram: "Fora com ele! Crucifica-o!" Disse-lhes Pilatos: "Hei de crucificar vosso rei?" Responderam os sumos sacerdotes: "Nós não temos outro rei senão César". Então Pilatos o entregou a eles para que fosse crucificado* (Jo 19,13-16).

Sabemos que era nessa hora que se imolavam os cordeiros no templo para a ceia pascal dos judeus. Jesus é entregue para que seja imolado, como o Cordeiro de Deus que tira o pecado do mundo. Finalmente, Jesus é reconhecido imolado na cruz como o verdadeiro cordeiro pascal:

Os judeus rogaram a Pilatos que quebrassem as pernas dos crucificados e fossem retirados. Assim o fizeram porque já era a tarde de sexta-feira e não queriam que os corpos ficassem na cruz durante o sábado, por ser aquele sábado particularmente solene. Vieram os soldados e quebraram as pernas do primeiro e do outro que com ele tinham sido crucificados. Chegando porém a Jesus, como o vissem já morto, não lhe quebraram as pernas, mas um dos soldados lhe abriu o lado com uma lança e logo saiu sangue e água. Quem o viu deu testemunho e o seu testemunho é verdadeiro. Sabe que diz a verdade para que também vós creais. Assim sucedeu para que se cumprisse a Escritura: Não lhe quebrareis osso algum. E outra Escritura diz também: Olharão para aquele a quem traspassaram (Jo 19,31-37).

Os evangelistas sinóticos ligam a morte de Jesus à celebração da Páscoa dos judeus. Tomemos o Evangelho segundo Lucas: *"Estava próxima a festa dos Ázimos, que se chamava Páscoa. Os sumos sacerdotes e os escribas procuravam uma ocasião para matá-lo, pois temiam o povo"* (Lc 22,1-2). *"Chegou, pois, o dia dos Ázimos, em que se devia imolar o cordeiro pascal. Jesus enviou Pedro e João, dizendo-lhes: 'Ide preparar-nos a Páscoa para comermos'"* (Lc 22, 7-8). *"Ao chegar a hora, Jesus se pôs à mesa com os apóstolos. E lhes falou: 'Desejei ardentemente comer esta Páscoa convosco antes de sofrer'"* (Lc 22,14-15).

São Paulo fala claramente aos coríntios: *"Cristo, a nossa Páscoa, já foi imolado"* (1Cor 5,7).

Como páscoa de Jesus Cristo não devemos entender apenas a Paixão, Morte, Ressurreição e a Ascensão para junto do Pai. Esta é sim a síntese, a expressão maior da passagem de Cristo deste mundo para o Pai. Fazem parte da Páscoa de Cristo todos os seus mistérios, desde a Encarnação, passando por sua manifestação aos povos, o Batismo no Jordão, sua vida pública, sua pregação, os milagres, os perdões concedidos, a transfiguração, enfim, todas as suas ações que revelam o plano do Pai de salvar a todos os homens e as realiza em favor da humanidade.

Essas expressões parciais da grande passagem de Deus por este mundo são chamadas "mistérios de Cristo", que compõem o mistério de Cristo. São sempre passagens libertadoras e de aliança com a humanidade. O conjunto de todas essas ações de Cristo constitui o mistério pascal.

4

O mistério pascal

Cristo, nossa Páscoa!

A Liturgia, como toda a vida cristã, está centrada no mistério pascal. O que se entende por mistério pascal?

Primeiramente uma palavra sobre *mistério*. A Igreja compreende o mistério não no sentido comumente usado como algo secreto, desconhecido, que não é atingível pela razão humana. Claro que este sentido do oculto, do secreto, está sempre presente quando se trata do mistério. O mistério como é entendido pela Sagrada Escritura, pela Tradição antiga da Igreja e pela Liturgia é, no fundo, a comunhão de amor e de vida, que tem sua primeira expressão em Deus mesmo, no mistério da Santíssima Trindade. Mistério é também o plano de Deus de fazer outros seres fora dele participantes de sua vida, do seu amor, da sua felicidade e da sua glória, plano este revelado e realizado em Cristo Jesus, e em todos aqueles que acolhem este plano por Cristo e em Cristo. Enquanto este plano é revelado e realizado em Cristo e por Cristo, é chamado mistério de Cristo.

Os mistérios de Cristo são as diversas ações de Jesus Cristo, pelas quais se revela e se realiza o plano de Deus de salvação e de glorificação de Deus. Onde se estabelece a comunhão de amor entre Deus e os seres criados, aí se realiza o mistério. O mistério, conforme a Sagrada Liturgia, é, portanto, ação divina de comunhão de amor e de vida. Onde Deus e o ser humano se encontram no amor, lá se realiza o mistério.

E agora, o que é o *mistério pascal?* Quem melhor o define é o Concílio na *Sacrosanctum Concilium*:

> *Esta obra da Redenção humana e da perfeita glorificação de Deus, da qual foram prelúdio as maravilhas divinas operadas no povo do Antigo Testamento, completou-a Cristo Senhor, prin-*

cipalmente pelo mistério pascal de sua Sagrada Paixão, Ressurreição dos mortos e gloriosa Ascensão. Por este mistério, Cristo, "morrendo, destruiu a nossa morte, e, ressuscitando, recuperou a nossa vida". Pois do lado de Cristo dormindo na cruz nasceu o admirável sacramento de toda a Igreja (SC 5).

O documento diz: *principalmente* pelo mistério pascal de sua Paixão, Ressurreição dos mortos e gloriosa Ascensão. Sua Paixão, o que inclui a Morte, Ressurreição e Ascensão aos céus, é o resumo, o ponto forte da Páscoa de Cristo, de sua passagem por este mundo. É páscoa redentora pela qual Jesus Cristo prestou o perfeito culto ao Pai, na obediência e no amor total de entrega ao Pai e ao mundo. Contudo, fazem parte do mistério pascal sua encarnação e todas as outras ações reveladoras do plano de Deus da salvação, chamadas também mistérios de Cristo.

Uma síntese admirável sobre o que seja o mistério pascal temos na parte mutável do Prefácio da Páscoa IV: "*[Jesus Cristo] vencendo a corrupção do pecado, realizou uma nova criação. E, destruindo a morte, garantiu-nos a vida em plenitude*".

É chamado mistério pascal enquanto a passagem (páscoa) de Jesus para o Pai atinge a humanidade toda, ou seja, enquanto, por esse mistério, "*Cristo, morrendo, destruiu a nossa morte, e, ressuscitando, recuperou a nossa vida*". O mistério pascal tem a ver com a nossa passagem do pecado para a graça, da morte para a vida, tem a ver com a nossa passagem deste mundo para o Pai. O mistério pascal atinge a todos que crêem em Cristo e seguem os seus passos, realizando a vontade do Pai por Cristo e em Cristo.

A humanidade pode participar do mistério de Cristo, deixar realizar em si o mistério pascal, de duas formas: pelo **memorial celebrativo**, comemorando os mistérios de Cristo através das ações litúrgicas da Igreja, e por meio do **memorial testamentário**. Duas formas que se completam.

Pelo **memorial celebrativo** ritual, a Sagrada Liturgia, sobretudo pelo Sacrifício eucarístico, a Igreja comemora os mistérios de Cristo, realizando-se assim o mistério pascal através da história. Tudo isso, na ação do Espírito Santo. É o que nos ensina o Concílio:

> *Portanto, assim como Cristo foi enviado pelo Pai, assim também ele enviou os Apóstolos, cheios do Espírito Santo, não só para pregarem o Evangelho a toda criatura, anunciarem que o Filho de Deus, pela sua morte e ressurreição, nos libertou do poder de Satanás e da morte e nos transferiu para o reino do Pai, mas ainda para levarem a efeito o que anunciavam: a obra da salvação através do Sacrifício e dos Sacramentos, em torno dos quais gira toda a vida litúrgica* (SC 6).

A outra forma de tornar Cristo presente e atuante no mundo é por meio do **memorial testamentário**. O testamento de Jesus consiste no mandamento do amor, expresso pelo rito do lava-pés. Cristo está presente e atuante na ação da caridade dos seus discípulos. Estas ações da caridade constituem, por sua vez, experiências de páscoa, que prolongam a páscoa de Cristo através da história, completando na Igreja o mistério pascal.

Através da Liturgia e da ação da caridade, Jesus Cristo continua a se encarnar no mundo, continua a morrer e a ressuscitar na humanidade até que todo o criado seja entregue ao Pai, por Cristo, com Cristo e em Cristo.

O mistério pascal vivido nos sacramentos

Como vimos, a vida cristã pascal é vivida no memorial ritual celebrativo dos mistérios de Cristo e, pelo memorial testamentário, a Liturgia vivida através do testemunho de Cristo.

No memorial celebrativo distinguem-se os sacramentos, sobretudo a Eucaristia, como ensina o Concílio Vaticano II: *"Para levar a efeito obra tão importante [a santificação do homem e a glorificação de Deus] Cristo está sempre presente em sua Igreja, sobretudo nas ações litúrgicas"* (SC 7).

A vida sacramental é vida pascal: Cristo passa santificando e o cristão passa para Deus. Em cada sacramento, a Igreja comemora sempre o mistério pascal, sintetizado em sua Morte e Ressurreição, e comemora algum mistério particular de Cristo bem como as páscoas dos cristãos. Em cada sacramento, temos a Páscoa de Cristo e a Páscoa dos cristãos vividos na Páscoa de Cristo. É o mistério pascal que vai acontecendo através da história e se atualiza no presente. O Verbo de Deus, Jesus Cristo, continua a se encarnar, a sofrer, a morrer e a ressuscitar na vida dos cristãos.

5.1. Sacramentos pascais de iniciação à vida pascal cristã

Na vida pascal sacramental devemos realçar primeiramente os sacramentos da Iniciação Cristã: o Batismo, a Crisma ou Confirmação e a Iniciação à vida eucarística (Primeira Comunhão ou Primeira Eucaristia). São chamados sacramentos da Iniciação Cristã porque introduzem a pessoa na vida cristã, tornam-na verdadeiramente cristã. Tendo acreditado em Cristo, a pessoa nasce para a vida nova em Cristo morto e ressuscitado no Batismo; é ungida pelo Espírito Santo na Crisma, e participa do Banquete da Vida e do Amor pela Eucaristia.

Por seu caráter eminentemente pascal, nos primeiros séculos da Igreja, os adultos eram iniciados na vida cristã por esses três sacramentos em geral na Vigília Pascal, em que a comunidade cristã, celebrando a festa da Páscoa de Cristo e dos cristãos, sobretudo o Batismo, gerava novos filhos e filhas para Deus e para a Igreja.

5.1.1. O Batismo, vida que nasce

A primeira grande páscoa do cristão é o Batismo: *"Pelo Batismo os homens são inseridos no mistério pascal de Cristo: com Ele mortos, com Ele sepultados, com Ele ressuscitados; recebem o espírito de adoção de filhos, 'pelo qual clamamos: Abba, Pai' (Rm 8,15), e assim se tornam os verdadeiros adoradores procurados pelo Pai"* (SC 6).

Tudo quanto se pode dizer da Páscoa, da Morte e Ressurreição de Cristo, a Igreja afirma do Batismo. Co-

Renascemos na fonte da vida!

memorando a Morte e a Ressurreição de Jesus, realiza-se, em quem celebra, esta mesma Morte e Ressurreição salvadora e santificadora de Cristo. Comemorando a Morte e a Ressurreição de Jesus através do rito imitativo e comemorativo do mergulho na água, o batizando é mergulhado no mistério pascal de Cristo. Ele morre e ressuscita para uma vida nova em Cristo Jesus e, por Ele, é inserido no mistério da Santíssima Trindade.

O Batismo realiza uma comunhão com o destino do Cristo humilhado e elevado e, desta forma, uma vida inserida na vida divina no Cristo. Toda a salvação do ser humano decaído vem através do mistério pascal de Cristo Jesus, de sua Morte e Ressurreição. Por isso, dizemos que o Batismo é a **páscoa** do cristão. Celebrando a Páscoa libertadora de Cristo, o cristão vive sua própria páscoa. Tudo que podemos dizer da Páscoa de Cristo também podemos dizer do Batismo.

Esta páscoa manifesta-se também pela inserção do batizando na Comunidade eucarística e eclesial. Realiza-se uma aliança entre Deus o ser humano através da Igreja. O batizando é marcado na fronte com o sinal dos eleitos, com o sinal do amor de Deus em Cristo, o sinal da cruz. Ele é iluminado pela fé e pela vida nova. É revestido de Cristo. É ungido pelo Espírito Santo como filho ou filha, como sacerdote, como rei da criação, participante do Reino de Deus, como profeta, manifestando Deus ao mundo e apontando para Ele.

Ele inicia sua caminhada pascal como discípulo de Cristo, prometendo realizar em sua vida em Cristo a grande passagem deste mundo para o Pai. Assim, pela celebração da Páscoa de Cristo no Batismo, realiza-se a primeira páscoa, ponto de partida para transformar toda a sua vida numa grande páscoa em Cristo Jesus.

5.1.2. A Crisma ou Confirmação, vida fecunda no Espírito Santo

Páscoa e Pentecostes são duas facetas do mesmo mistério pascal, a Páscoa da Libertação e a Páscoa da Aliança. Assim, como existiu uma Páscoa e um Pentecostes na vida dos Apóstolos e dos discípulos de Cristo, há também uma Páscoa e um Pentecostes na vida da Igreja em geral e de cada um de seus membros. Isso significa que tudo quanto pudermos dizer da Páscoa

Os ungidos de Deus!

poderemos dizê-lo do Batismo, e tudo quanto pudermos dizer do Pentecostes, poderemos atribuir à Crisma. A Crisma é o Sacramento do Espírito Santo, o Dom de Deus. Pode ser chamado também de sacramento da Páscoa da Aliança.

Assim como Páscoa e Pentecostes são duas facetas do mesmo mistério pascal de Cristo, assim o Batismo e a Crisma, que se completam, constituem também duas facetas da vida cristã inserida no mistério pascal de Cristo. Nesse sentido, de certa forma, o Batismo e a Crisma se complementam formando, por assim dizer, o Batismo integral. Nos primeiros tempos da Igreja, Batismo e Crisma eram vistos numa unidade inseparável. Os cristãos normalmente eram iniciados nos dois sacramentos numa só celebração, que, por sua vez, os introduzia na vida eucarística.

Usando uma comparação, o Batismo nos dá, por assim dizer, tudo em germe, em semente. Na Crisma, o cristão recebe o Espírito Santo para fazer germinar, nascer, crescer e frutificar a semente. Que o cristão seja realmente fecundo, fazendo crescer a vida divina em si e nos outros, eis o sentido do Espírito Santo recebido como Dom de Deus no sacramento da Crisma.

Ora, ser envolvido pelo Espírito Santo constitui uma experiência de passagem, a aquisição de uma força nova para testemunhar no mundo o Cristo como sacerdote, sobretudo na Celebração Eucarística, como rei, levando o Reino de Deus para todos, e como profeta, revelando Deus e apontando para Ele, através de uma vida cristã no Espírito.

5.1.3. A Eucaristia, banquete do amor e da vida

A celebração e a vida eucarísticas constituem a expressão de uma vida pascal por excelência. Todos os sacramentos convergem para a Eucaristia.

Os judeus celebravam e assim reviviam a Páscoa histórica fundante de sua identidade como Povo de Deus através da Ceia Pascal.

Para perpetuar sua passagem deste mundo para o Pai, de maneira que todos os homens, de todos os tem-

Ceia do Senhor, Banquete pascal!

pos, dela pudessem participar, Jesus Cristo, a exemplo do rito pascal hebreu, instituiu novo rito, a nova Páscoa, a Páscoa cristã, com as palavras: *"Fazei isto em memória de mim"* (Lc 22,19), ou segundo São Paulo: *"Pois todas as vezes que comerdes deste pão e beberdes deste cálice, anunciareis a morte do Senhor até que Ele venha"* (1Cor 11,26).

A celebração da memória da Morte e Ressurreição de Cristo foi confiada à Igreja. Doravante o sacrifício de Cristo estará presente aos homens, que farão o que Cristo fez, isto é, a memória ritual de sua Paixão e Ressurreição. Portanto, o acontecimento já passado, a morte redentora de Cristo, perpetua-se através do rito que o contém e o torna novamente presente.

Este aspecto pascal da Ceia do Senhor vem maravilhosamente sintetizado na *Sacrosanctum Concilium* assim:

> *Na Última Ceia, na noite em que foi entregue, nosso Salvador instituiu o Sacrifício Eucarístico de seu Corpo e Sangue. Por Ele, perpetua pelos séculos, até que volte, o Sacrifício da Cruz, confiando destarte à Igreja, sua dileta Esposa, o memorial de sua Morte e Ressurreição: sacramento de piedade, sinal de unidade, vínculo de caridade, banquete pascal, em que Cristo nos é comunicado em alimento, o espírito é repleto de graça e nos é dado o penhor da futura glória* (SC 47).

A Eucaristia é banquete pascal, memorial da Morte e Ressurreição de Jesus Cristo. Quando o Concílio tratou da natureza da Liturgia, já dissera:

> *Toda vez que comem a Ceia do Senhor, anunciam-lhe a morte até que venha. (...) Nunca, depois disto, a Igreja deixou de reunir-se para celebrar o mistério pascal: lendo "tudo quanto a Ele se referia em todas as Escrituras" (Lc 24,27), celebrando a Eucaristia, na qual "se torna novamente presente a vitória e o triunfo de sua morte" e, ao mesmo tempo, dando graças "a Deus pelo dom inefável (2Cor 9,15) em Jesus Cristo, "para o louvor de sua glória" (Ef 1,12), pela força do Espírito Santo* (SC 6).

Por esta memória objetiva realizada sob os sinais sacramentais do pão e do vinho, sempre de novo se torna presente o mistério da Paixão-Morte e Ressurreição para que todos os que crêem possam participar deste mistério. Pela memória, a Igreja faz o que fez Cristo,

isto é, dá graças a Deus sobre o pão e o vinho pelas maravilhas, realizando, dessa forma, com Cristo a passagem deste mundo ao Pai.

A Eucaristia é a celebração da vida nas pausas do caminho, para que todo o caminho se torne eucaristia. É o sacramento da vida por excelência. Ela celebra e assim torna presente todo o mistério da fé, todo o mistério de Cristo, a Páscoa de Cristo e da Igreja.

O mistério da Morte e Ressurreição de Cristo torna-se presente entre os homens em cada Celebração Eucarística para que eles possam tomar parte nele e realizá-lo em suas vidas, unindo-se a Cristo, fazendo o que Ele fez. Os discípulos do Senhor o farão dando uma resposta a Deus através de suas vidas, assim como a receberam de Deus, com tudo o que ela inclui. A nossa oferta deve constar de tudo quanto somos e temos: nossas atividades, nossas realizações, nossas faculdades e capacidades. Em sua condição de criatura, ela inclui as derrotas, as doenças, os sofrimentos e a própria morte, visto que não temos direito à vida. A morte, porém, não como destruição, como fim, mas como passagem para a vida. Pela Celebração Eucarística, o cristão aprende a morrer com Cristo, fazendo a vontade do Pai, entregando sua vida ao Pai. Esta foi a prática de Cristo.

Na Oração Eucarística, recordando a Paixão-Morte e Ressurreição de Cristo, entramos na atitude que Cristo manifestou em seu Sacrifício, em sua entrega incondicional ao Pai. Com Ele renovamos aquele propósito de fazer a vontade do Pai, de aceitar viver a vida em toda a sua plenitude, numa resposta de obediência, de gratidão, de louvor; de morte ao egoísmo e de vida com Cristo em generosidade no amor. Assim, em cada Celebração Eucarística, morremos a nós mesmos e ressuscitamos em Cristo.

Pela Eucaristia, toda a vida humana adquire em Cristo um caráter pascal. Torna-se uma permanente passagem para a vida plena em Cristo Jesus. Realiza-se o êxodo. No caminho para a Terra Prometida, somos alimentados pelo Pão do céu, o Pão da vida, Cristo Jesus. A Eucaristia, assim celebrada e vivida, faz com que todos os momentos da vida se tornem pascais, transformem-se em ação de graça. A Eucaristia torna-se, assim, o Banquete do Amor e da Vida.

5.2. Os sacramentos de cura

Existem dois sacramentos da Igreja ligados a situações especiais da vida humana, situações de fragilidade e de fraqueza, situações de queda, situações de crise, situações de ruptura e de solidão. São eles os sacramentos da Penitência ou da Reconciliação e da Unção dos Enfermos. Trata-se de situações humanas de passagem e, por isso mesmo, capazes de constituírem experiências pascais. São sacramentos de cura espiritual e corporal.

5.2.1. O Sacramento de Penitência ou Reconciliação, celebração da misericórdia e cura espiritual

"Era preciso fazer festa e alegrar-se porque este teu irmão estava morto e voltou à vida, tinha-se perdido e foi encontrado" (Lc 15,32). Eis a vida nova no reconhecimento da pró-

Meu filho estava morto e reviveu!

pria condição de pecador e da bondade e misericórdia do Pai.

A primeira experiência pascal do cristão se dá no Batismo. Mas, depois dele, pode haver a queda, a morte espiritual ou o enfraquecimento da aliança batismal. Jesus oferece uma nova possibilidade de páscoa na recuperação da vida ou na renovação ou intensificação da aliança.

A celebração do sacramento da Penitência constitui uma profunda experiência pascal, de vida nova em Cristo Jesus, na experiência do cair e do levantar-se novamente, na experiência da separação e do ser reintegrado na comunidade de amor.

Como em todos os sacramentos, também no sacramento da Penitência ou Reconciliação comemora-se o mistério pascal de Cristo: Por sua Morte e Ressurreição *"Cristo, morrendo, destruiu a nossa morte e, ressuscitando, recuperou a nossa vida"* (cf. SC 5). O mistério comemorado, próprio do sacramento da Penitência, é o mistério do Cristo que passou pelo mundo perdoando os pecados. A Igreja comemora Jesus Cristo, que perdoou e que, por isso, continua perdoando, quando ela evoca o seu perdão e realiza um gesto de reconciliação. A Igreja Católica tem o grande privilégio de oferecer, através do Sacramento da Reconciliação, a experiência concreta da certeza de que tudo está bem entre nós e Deus, entre nós e o próximo.

Através da Igreja, representada pelo sacerdote, Deus nos acolhe, Deus nos restitui a graça ou intensifica em nós a sua presença. Deus nos diz: *"Filho, filha, está tudo bem entre nós; tu és meu filho muito amado, tu és minha filha muito amada"*. E garante que aquilo que é dito também é feito.

O gesto do penitente de confessar-se de joelhos possui profundo significado pascal. Pôr-se de joelhos é um gesto que significa humildade, dependência, arrependimento. Ajoelhar-se e levantar-se pode significar que o fiel vive o mistério da humilhação e da exaltação, da Morte e da Ressurreição em Cristo, vivido na celebração da Penitência. Exprime aquilo que tantas vezes Nosso Senhor disse aos doentes e pecadores: *"Levanta-te e anda"*, ou: *"Vai em paz e não peques mais"*.

No sacramento da Penitência, Jesus Cristo valoriza o que há de mais negativo no ser humano, o pecado.

Não para que pequemos, mas para que, tendo pecado, transformemos o perdão de Deus em motivo de ação de graças, revivendo o mistério pascal de Cristo.

5.2.2. Unção dos Enfermos, alívio, cura e perdão

Cristo cura, conforta e perdoa os enfermos

Uma situação humana de fragilidade é a da doença ou da enfermidade. Trata-se de uma situação de risco de vida, de angústia, de solidão, de desamparo, sempre na esperança da vida e da saúde. A enfermidade e a doença podem constituir na vida das pessoas uma experiência de passagem. Por isso, podem transformar-se em experiências de páscoa. Na fé em Cristo, a enfermidade pode transformar-se em tempo oportuno de graça, em celebração pascal. Trata-se da experiência de passagem da doença para a saúde, uma experiência de morte e de vida.

Além disso, na doença a pessoa pode fazer uma experiência de dependência dos outros e do totalmente Outro, Deus. Ocorre também a experiência da solidariedade. A pessoa enferma recebe os cuidados dos semelhantes. Em torno do enfermo cria-se uma comunidade solidária. Em geral se descobre a gratuidade: a gratuidade da vida e da saúde como dons de Deus e a gratuidade do serviço, do cuidado recebido. Esta experiência pode mudar o comportamento do enfermo que recupera a saúde. Normalmente a pessoa se torna mais compreensiva e tolerante para com os outros. Parece que Deus permite a doença na vida das pessoas como um remédio contra a auto-suficiência e o orgulho.

Esta experiência de enfermidade na esperança da saúde constitui a experiência pascal a ser recapitulada na Paixão de Cristo, pela celebração de um sacramento. Ela será vivida à luz de Jesus Cristo, que passou curando, confortando e perdoando os enfermos.

A comunidade eclesial, solidária, envolve o doente para com ele celebrar o Cristo Médico, o Cristo que confortava os doentes, muitas vezes os curava e perdoava seus pecados.

O que se celebra não é a doença como tal, mas o que ela significa à luz da fé em Cristo. A enfermidade pode ser para o cristão uma experiência pascal, a ser valorizada quando vivida em comunhão com o mistério pascal de Cristo, sobretudo de sua Paixão. Por um lado, o sacramento da Unção dos Enfermos evoca todo o mistério pascal de Cristo; por outro, ele comemora o Cristo Médico da humanidade que por suas dores curou as nossas chagas. Comemora também e torna presente o Cristo que conforta, cura e perdoa os enfermos.

Pela oração da fé, a imposição das mãos e a unção, o doente recebe o dom do Espírito Santo, para o conforto, o alívio, a cura, se for da vontade de Deus, e para o perdão dos pecados. Jesus passa comunicando o seu Espírito. A pessoa enferma recebe a força do Espírito Santo, para que, na situação de enfermo, possa viver sua vocação e missão batismais, possa unir seus sofrimentos à Paixão redentora de Cristo na esperança da saúde ou da salvação eterna.

A imposição das mãos e a unção significam o dom do Espírito Santo para que o cristão, nas circunstâncias difíceis da enfermidade, possa viver sua vocação e missão batismais de sacerdote, profeta e rei. Possa dar testemunho de Cristo morto e ressuscitado. Enfim, ele recebe um dom especial do Espírito para que possa ser um bom enfermo, um bom doente, vivendo a experiência da enfermidade na fé em Cristo. É o Espírito da força do testemunho, o Espírito do martírio.

Além disso, verifica-se uma experiência pascal de toda a Igreja. A Unção dos Enfermos é sacramento pascal não só para o enfermo. Todos os que participam da celebração unem os próprios sofrimentos aos de Jesus Cristo, na esperança da saúde, da ressurreição e da vida eterna.

5.3. Os sacramentos da fecundidade eclesial ou do serviço da comunidade

Temos dois sacramentos por meio dos quais Jesus Cristo, por seu Espírito, atinge, ilumina e anima, já não duas situações passageiras da vida cristã, mas dois estados de vida, duas grandes tarefas na geração do Corpo Místico de Cristo, a Igreja.

São eles os sacramentos do Matrimônio e da Ordem. Claro que o grande sacramento da fecundidade eclesial, para todos os cristãos, é o Batismo, juntamente com a Crisma, sacramentos não só para si, mas também para os outros. Aqui, porém, trata-se de duas vocações especiais para o serviço do Reino e Deus.

5.3.1. A Ordem, serviço de salvação à humanidade

Construção do Templo de Deus no mundo!

43

Através de seu serviço messiânico de profeta, sacerdote e rei, Jesus Cristo reconciliou o ser humano com Deus. Quando terminou sua obra, voltou para junto do Pai. Como o Pai o enviou, Jesus, por sua vez, enviou os Apóstolos e os discípulos, cheios do Espírito, para continuarem sua obra de reconciliação dos seres humanos, sua obra mediadora e de comunhão.

Pelo sacramento da Ordem, a Igreja celebra o mistério de Cristo que veio para servir e dar a vida pela salvação do mundo. Pessoas são chamadas e enviadas para exercerem a função de gerarem o Corpo de Cristo no âmbito de toda a humanidade, suscitando as Igrejas particulares e a Igreja universal como Templo de Deus neste mundo.

Nas ordenações a Igreja celebra o Cristo como sacerdote, rei e profeta, anunciando a boa-nova do Evangelho, santificando e guiando o Povo de Deus para a pátria definitiva.

Na Ordem, no nível do bispado e do presbiterado, é comunicado o Espírito de serviço messiânico profético, sacerdotal e real, ou do anúncio, da santificação e do governo do novo Povo de Deus. O Diácono recebe o Espírito para o serviço.

Tanto a ordenação como a vida de ministro ordenado, seja do Bispo, do Presbítero ou do Diácono, transformam-se numa vida pascal. Constitui primeiramente uma grande passagem para outro estado de vida. Pela comunicação do Espírito Santo é-lhes dado o poder messiânico de Cristo, para o serviço de salvação, tanto a serviço do povo sacerdotal, real e profético, como para todos os seres humanos chamados a constituírem o Templo de Deus no mundo.

Na ordenação, a Igreja toda celebra o mistério pascal, a Páscoa de Cristo, a páscoa dos ordinandos e a páscoa dos cristãos que são mergulhados nesse mistério.

Além disso, tudo quanto um bispo, presbítero ou diácono realizam, vem marcado pelo sinal do serviço de salvação de Jesus Cristo. São presença viva de Jesus, anunciando, santificando e conduzindo o Povo de Deus.

A ordenação não interessa somente ao eleito que vai ser ordenado. A Igreja toda celebra o mistério de Cristo que veio para servir e dar a vida, para que todos tenham vida e a tenham em abundância.

A ordenação, particularmente a ordenação episcopal, é uma das celebrações mais ricas da Igreja. Ela celebra a obra da salvação realizada por Cristo, celebra o mistério da Igreja, continuadora da obra da Salvação de Cristo, celebra a vocação do Povo de Deus, todo ele, profético, sacerdotal e real. Cada fiel cristão participa, a seu modo, da graça desse mistério celebrado.

5.3.2. *O Matrimônio, testemunho do amor fiel de aliança*

O amor entre o homem e a mulher no casamento constitui uma das mais eloqüentes expressões humanas de comunhão e de vida. Por isso, pode expressar bem o amor e a unidade de Deus, fonte de vida no mistério da criação, e adquirir assim um caráter religioso.

A partir da revelação em Cristo, o ser humano foi descobrindo que, pela união conjugal, ele pode fazer a

Unidos em Cristo!

experiência do Deus-Amor e do Deus-Vida, do Deus Criador, sendo reflexo deste Deus.

Pelo Matrimônio gera-se o primeiro núcleo eclesial: o casal cristão e a família. O Espírito é concedido dentro de uma vocação particular para o serviço e o amor mútuos do casal e do casal aos filhos. O amor se expressa pela entrega mútua que gera mais vida no casal e, normalmente, em filhos.

O amor conjugal, fonte de vida, não pertence apenas ao casal. Ele interessa à comunidade tanto eclesial como civil. Por isso, este amor é celebrado pela comunidade por meio de ritos públicos e comunitários.

Toda a comunidade celebra este novo estado de vida em Cristo e, assim, pela vocação e pela missão batismais, participa e vive o mistério pascal de Cristo. No Matrimônio, a Igreja celebra o Cristo que amou a humanidade toda, como esposo, com um amor fiel de aliança. Em todos os participantes da celebração, Jesus Cristo está presente e age, sendo glorificação a Deus, comunicando sua graça, a graça do amor fiel e total a Deus, a graça da salvação.

O Matrimônio, como comemoração, como sacramento do amor de Cristo à humanidade, manifestado na Encarnação e na Redenção, constitui um sinal do amor de Cristo à humanidade. Eis por que o casamento entre dois batizados que crêem e vivem em Cristo pode ser e de fato é um dos sacramentos, meio de glorificar a Deus e caminho de santificação. Ao falar desta união, São Paulo diz que é um grande sacramento, ou um grande mistério, em relação a Cristo e à Igreja (cf. Ef 5,32). O amor dos esposos é, pois, expressão do amor de Cristo aos seres humanos. Diz ainda São Paulo: *"Maridos, amai as vossas mulheres, como também Cristo amou a Igreja e por ela se entregou"* (Ef 5,25).

O amor dos esposos é como o de Cristo. Exige renúncia, exige entrega total, exige dar a vida. Sendo uma experiência de passagem, continua no mundo o mistério pascal de Cristo.

Inicia-se uma história de doação mútua, de uma entrega total. Fundem-se duas vidas em uma só. Já não são dois, mas uma só carne, sem que cada qual perca a sua identidade pessoal. Tornam-se dois em um, e um em dois. Fundem-se dois projetos de vida num só projeto. Tudo será realizado a dois. Os esposos tornam-se um sinal ambulante do Deus-Amor e do amor de Deus ao gênero humano, manifestado sobretudo no amor fiel, no amor de aliança de Jesus Cristo.

Este sacramento é vivido não só na hora de sua celebração. Em todos os seus gestos de amor, de entrega e de comunhão, os esposos participam permanentemente do amor em Deus, na Trindade Santa, e do amor de Deus à humanidade, manifestado sobretudo em Cristo Jesus, e o manifestam ao mundo. Através de seu amor, eles são chamados a serem presença viva de Jesus Cristo e do seu amor fiel no mundo. Assim, eles se transformam em fonte de espiritualidade para si e para os outros. Quando vêem um casal cristão, os discípulos e discípulas de Cristo são lembrados do amor de Jesus Cristo, amor-doação, amor fecundo. Vede como eles se amam! Este amor fiel vem simbolizado pelas alianças.

6

O mistério pascal em outras celebrações

Antes de tratarmos da dimensão pascal do Ano litúrgico, propomo-nos lembrar algumas outras celebrações da Igreja, além dos sete sacramentos. São os assim chamados sacramentais. Também eles são mistérios do culto, isto é, celebrações da Igreja que comemoram o mistério pascal da Paixão-Morte e Ressurreição do Senhor Jesus, com um enfoque sobre outros mistérios de Cristo.

6.1. A celebração da Palavra de Deus

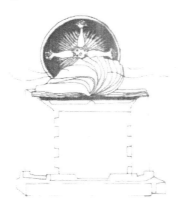

A Palavra se fez carne!

49

A celebração da Palavra de Deus ligada aos sacramentos ou independente deles também possui caráter pascal. É sempre celebração dos mistérios de Cristo. Ela consiste em fazer memória dos mistérios de Cristo conforme nos garante a *Sacrosanctum Concilium*, quando diz:

> *Nunca, depois disso, a Igreja deixou de reunir-se para celebrar o mistério pascal: lendo "tudo quanto a Ele se referia em todas as Escrituras, celebrando a Eucaristia", na qual "se torna novamente presente a vitória e o triunfo de sua morte" e, ao mesmo tempo, dando graças "a Deus pelo dom inefável" (2Cor 9,15) em Jesus Cristo, "para louvor de sua glória" (Ef 1,12), pela força do Espírito Santo (SC 6).*

Em outro lugar diz: *"Presente está [Cristo] pela sua palavra, pois é Ele mesmo que fala quando se lêem as Sagradas Escrituras na igreja"* (SC 7).

Tratando da importância da Palavra de Deus na Liturgia, afirma:

> *Incentive-se a celebração sagrada da Palavra de Deus nas vigílias das festas mais solenes, em algumas férias do Advento e da Quaresma, como também nos domingos e dias santos, sobretudo naqueles lugares onde falta o padre. Neste caso, seja o diácono ou algum outro delegado pelo Bispo quem dirija a celebração (SC 35/4).*

Jesus Cristo continua passando pelo mundo através de sua Palavra proclamada. É o Verbo que continua a encarnar-se na resposta de fé e de conversão da Igreja. Pela celebração da Palavra de Deus, a Igreja contempla o plano de Deus da salvação realizado em Cristo Jesus e prolongado no tempo. Ele continua libertando e renovando a aliança com seu povo.

Deus fala, o povo responde; Deus transforma, converte os ouvintes atentos e os leva a viver de acordo com a Palavra. Os celebrantes da Palavra de Deus deixam-se envolver pelo Verbo e realizam uma passagem para uma vida mais plena em Cristo Jesus.

6.2. A Liturgia das Horas

No Espírito a Esposa e o Cordeiro exclamam: Abba, Pai!

Pela oração comunitária da Igreja, Cristo reza em nós e nós rezamos ao Pai em Cristo. É a oração de Cristo atualizada e prolongada na Igreja.

Trata-se de uma oração comemorativa do mistério pascal continuado na Igreja. A cada dia o cristão é convidado a fazer memória dos mistérios de Cristo através da oração. A cada dia ele comemora sempre o mistério pascal da Paixão-Morte, Sepultura e Ressurreição do Senhor. No decurso do ano contempla todos os mistérios de Cristo, sempre à luz do mistério pascal de sua Paixão-Morte e Ressurreição.

Cada Hora do dia comemora também um aspecto da Páscoa de Cristo e dos cristãos. Assim, as Laudes constituem uma pequena celebração da Ressurreição de Cristo e da vida nova dos cristãos em Cristo pelo Batismo. Nas Vésperas, a Igreja comemora os mistérios da tarde: sua morte sacrificial redentora na Cruz, o novo mandamento, o dom da Eucaristia, os Sacramentos, a Igreja, enfim, o bem que cada um recebeu e que pôde fazer com a graça de Deus.

As Horas menores são comemorações dos passos da Paixão de Cristo e dos primeiros eventos pascais da Igreja: o Pentecostes, a missão da Igreja e o seu testemunho do mistério pascal.

As Completas recordam a dimensão escatológica da Igreja na esperança da participação da vida plena em Deus.

O Ofício das Leituras coloca a Igreja em vigília orante com Cristo, na escuta e na resposta à Palavra de Deus.

Cada Hora constitui uma páscoa, uma passagem de maior comunhão com Deus por Cristo, na força do Espírito Santo, que reza na Igreja.

6.3. Profissão religiosa e Consagração das virgens

Eis-me aqui!

A Profissão religiosa constitui uma páscoa muito forte não só para quem se entrega a Deus pela consagração religiosa, mas também para os cristãos em geral.

Na Profissão religiosa, a Igreja celebra o Cristo em quem e por quem o Pai chama a todos à santidade, ou o Cristo Esposo que deseja associar a todos a si como Esposa.

Na Profissão religiosa masculina realça-se mais a vocação à santidade, ao passo que, na Profissão religiosa feminina, aparece com maior esplendor o mistério da comunhão de amor esponsal entre Cristo e a humanidade inteira.

Na Consagração das virgens se revela particularmente o Cristo Virgem, em seu amor total ao Pai, gerando pelo Espírito Santo a sua Igreja, bem como a vocação virginal da Igreja em sua fecundidade no Espírito.

É uma celebração de toda a Igreja. Todos participam da graça da santificação e assim glorificam a Deus pela própria vocação à santidade e pelo amor dedicado a Ele.

6.4. Celebrações de bênção

Tudo é graça!

A celebração de bênçãos é outra maneira de a Igreja, de os fiéis cristãos, entrarem em comunhão com Deus, celebrando o Deus de bondade, o Deus que enviou seu

Filho ao mundo como a maior bênção para a humanidade. Ela bendiz, dá graças pelos benefícios recebidos e invoca a bênção. Por isso, na "Introdução" do *Ritual de bênçãos*, reformado por ordem do Concílio Vaticano II, se pede que as celebrações de bênção sejam celebrações comunitárias, que haja a proclamação da Palavra de Deus e que, antes de invocar a bênção, dêem-se graças pelos benefícios, pelas bênçãos ou graças recebidas.

Na celebração existe uma escuta da Palavra de Deus, um confronto com ela e uma resposta de louvor, de agradecimento e de confiante invocação do Deus de bondade, pedindo, por sua vez, que Ele renove os seus benefícios, os seus bens.

Realiza-se, pois, um mergulho em Deus pela confiança, pela ação de graças, pela conversão, por uma vivência mais intensa de resposta ao Deus amor que nos amou primeiro. Assim, também na celebração de bênçãos se vive a páscoa.

6.5. Exéquias

Esperança da vida eterna!

A expressão maior da Páscoa de Cristo é sua passagem definitiva deste mundo ao Pai por sua Paixão-Morte e Ressurreição e Ascensão aos céus. A páscoa definitiva do cristão realiza-se também por sua morte. Também ele é chamado a passar deste mundo ao Pai.

A Igreja comemora esta páscoa definitiva do cristão pela celebração chamada de modo geral de *Exéquias* ou *Funerais*. Ela consta do rito de encomendação ou apresentação do falecido ao Pai, podendo incluir uma Celebração Eucarística, e do sepultamento. Se no todo a Igreja celebra e torna presente o mistério pascal, nos funerais ela realça o mistério da sepultura do Senhor. Depois que o Senhor deixou um sepulcro vazio e continua vivo entre nós, depois que o anjo rolou uma pedra da boca do túmulo, depois que os discípulos encontraram os lençóis intactos, o sepulcro não é mais o lugar fatídico do fim, da morte, mas o lugar da esperança da vida eterna, da ressurreição em Cristo Jesus. Daí o caráter pascal da celebração da morte do cristão, na esperança da vida eterna em Cristo ressuscitado.

7

O Domingo, Páscoa semanal

Domingo, o Dia do Senhor, Páscoa semanal!

Desde muito cedo a Igreja começou a celebrar a Páscoa de Cristo e da Igreja a cada oitavo dia, o primeiro dia da semana. É a Páscoa semanal, o Domingo, que significa Dia do Senhor.

O Concílio ensina o seguinte sobre o Domingo como Páscoa semanal:

A Santa Mãe Igreja julga seu dever celebrar em certos dias no decurso do ano, com piedosa recordação, a obra salvífica de seu divino Esposo. Em cada semana, no dia que ela chamou Domingo, comemora a Ressurreição do Senhor (SC 102).

Tratando especificamente do Domingo, diz:

Devido à tradição apostólica, que tem sua origem do dia mesmo da Ressurreição de Cristo, a Igreja celebra cada oitavo dia o mistério pascal. Esse dia chama-se justamente Dia do Senhor ou Domingo. Neste dia, pois, os cristãos devem reunir-se para, ouvindo a palavra de Deus e participando da Eucaristia, lembrarem-se da Paixão, Ressurreição e glória do Senhor Jesus e darem graças a Deus que os "regenerou para a viva esperança, pela Ressurreição de Jesus Cristo de entre os mortos" (1Pd 1,3). Por isso, o Domingo é um dia de festa primordial que deve ser lembrado e inculcado à piedade dos fiéis, de modo que seja também um dia de alegria e de descanso do trabalho. As outras celebrações não se lhe anteponham, a não ser que realmente sejam de máxima importância, pois que o Domingo é o fundamento e o núcleo do Ano litúrgico (SC 106).

Podemos dizer até que, nos primórdios da Igreja, o Ano litúrgico consistia da soma dos 52 domingos do ano. A Igreja celebra cada oitavo dia, o primeiro dia da semana, a Ressurreição do Senhor, ou lembra a Paixão, Ressurreição e glória do Senhor Jesus. O repouso dominical ajuda a comunidade a fazer a experiência da passagem do trabalho para o repouso. O Domingo é a festa primordial dos cristãos, em que celebram a própria páscoa na Páscoa de Cristo. O Domingo tem sempre caráter batismal, pois o Batismo constitui a páscoa fundamental dos cristãos, a passagem da morte do pecado para a vida em Deus.

Cada Domingo é caracterizado pela Palavra de Deus celebrada, sobretudo pelo Evangelho que revela, ilumina e fortalece a caminhada pascal dos cristãos, rumo à Terra Prometida. Iluminados pela Palavra, dão graças pela Eucaristia. A Palavra de Deus e a Eucaristia lançam os cristãos na dinâmica pascal, fazem-nos experimentar a páscoa definitiva da vida plena em Deus e de comunhão fraterna na caridade. É a páscoa semanal dos cristãos.

8

O mistério pascal desdobrado durante o ano

Jesus Cristo, ontem, hoje e sempre!

Já vimos que o mistério pascal não se reduz à sua expressão central da Paixão-Morte, Ressurreição e Ascensão de Jesus. O mistério pascal se estende desde sua Encarnação, melhor, desde a criação até o envio do Espírito Santo, sua ação no tempo da Igreja e seu retorno glorioso.

8.1. Os mistérios de Cristo celebrados durante o ano

Vejamos novamente o que diz o documento do Concílio sobre a Sagrada Liturgia:

> *"No decorrer do ano [a Igreja], desdobra todo o mistério de Cristo, desde a Encarnação e Natividade até a Ascensão, o dia de Pentecostes e a*

Vida em plenitude nos passos do Senhor Jesus!

expectação da feliz esperança e vinda do Senhor". Relembrando destarte os Mistérios da Redenção, franqueia aos fiéis as riquezas do poder santificador e dos méritos de seu Senhor, de tal sorte que, de alguma forma, os torna presentes em todo o tempo, para que os fiéis entrem em contato com eles e sejam repletos da graça da salvação (SC 102).

Na comemoração de cada um dos mistérios de Cristo atualiza-se a ação libertadora de santificação e de glorificação de Deus, da qual os fiéis participam. As celebrações dos mistérios de Cristo constituem páscoas dos cristãos.

Recordemos alguns desses mistérios celebrados durante o ano.

61

Os mistérios da manifestação do Senhor:

A Encarnação, o Nascimento do Senhor, a Manifestação aos povos – chamada Epifania –, o Batismo do Senhor no Jordão.

Os mistérios do caminho:

Sua vida de oração, de jejum, de pregação do Reino, suas ações libertadoras na vida pública, como as curas, sua transfiguração, o chamado e o envio dos Apóstolos e dos discípulos, suas peregrinações, sua entrada triunfal em Jerusalém, o lava-pés, a Instituição da Eucaristia.

Os mistérios do Tríduo Pascal:

Sua Paixão-Morte, Sepultura e Ressurreição.

Os mistérios após a Ressurreição:

As aparições do Senhor ressuscitado, a Ascensão aos céus, o Envio do Espírito Santo em Pentecostes.

Os mistérios do tempo da Igreja:

A vida exemplar da Virgem Maria, o testemunho dos Santos e as ações de caridade dos cristãos em favor do Reino de Deus, como sua ação missionária, catequética e sociotransformadora.

A espera do retorno glorioso de Cristo.

8.2. A veneração especial da Virgem Maria

As solenidades e festas da Virgem Maria têm a ver com o mistério pascal. A *Sacrosanctum Concilium* afirma:

> *Nesta celebração anual dos mistérios de Cristo, a Santa Igreja venera com especial amor a Bem-aventurada Mãe de Deus Maria, que por um víncu-*

Ave, cheia de graça!

lo indissolúvel está unida à obra salvífica de seu Filho; nela admira e exalta o mais excelente fruto da Redenção e a contempla com alegria como uma puríssima imagem daquilo que ela mesma anseia e espera ser (SC 103).

Nas festas de Maria, a Igreja celebra na páscoa de Maria o mistério pascal de Cristo e, celebrando-o, vive o mesmo mistério pascal.

8.3. A comemoração dos santos

Quanto aos santos, diz a *Sacrosanctum Concilium*:

> No decorrer do ano a Igreja inseriu ainda as memórias dos Mártires e dos outros Santos, que, conduzidos à perfeição pela multiforme graça de Deus e recompensados com a salvação eterna,

Deus, admirável nos seus santos!

> cantam nos céus o perfeito louvor de Deus e intercedem em nosso favor. Pois nos natalícios dos Santos prega o mistério pascal vivido pelos Santos que com Cristo sofreram e foram glorificados e propõe seu exemplo aos fiéis, para que atraia por Cristo todos ao Pai e por seus méritos impetre os benefícios de Deus (SC 104).

Na comemoração dos santos, a Igreja prega o mistério pascal vivido pelos santos que com Cristo sofreram e foram glorificados. Além disso, eles são apresentados como exemplo aos fiéis. Celebrar os santos é celebrar e viver a páscoa, é deixar-se santificar, e glorificar a Deus por suas maravilhas da graça, pela qual os santos realizaram a grande passagem deste mundo para Deus.

9

A celebração anual da Páscoa

Desejei ardentemente comer esta Páscoa convosco antes de sofrer!

Depois de falar da Páscoa semanal, o Domingo, o documento conciliar sobre a Sagrada Liturgia acrescenta:

> *A Santa Mãe Igreja julga seu dever celebrar em certos dias no decurso do ano, com piedosa recordação, a obra salvífica de seu divino Esposo. Em cada semana, no dia que ela chamou Domingo, comemora a Ressurreição do Senhor, celebrando-a uma vez também, na solenidade máxima da Páscoa, juntamente com sua Sagrada Paixão* (SC 102).

A celebração anual da Páscoa pode ser compreendida em vários níveis. O núcleo central é a Vigília Pascal. Abrindo o círculo em torno deste núcleo, temos o Tríduo Pascal da Paixão, Morte, Sepultura e Ressurreição de Cristo, que vai da Quinta-feira na Ceia do Senhor até a tarde do Domingo da Ressurreição. Finalmente, a celebração anual da Páscoa pode compreender também o tempo de preparação, a Quaresma, e os cinqüenta dias de Páscoa, até Pentecostes, inclusive. São os cinqüenta dias de Aleluia pascal.

Mesmo para os judeus, antes de ser uma comemoração religiosa, a Páscoa era uma festa da vida que renasce na primavera. Estava muito ligada à experiência de passagem de uma estação, o inverno, quando a natureza adormece, recolhe-se, como que morre, para a primavera, quando tudo retoma vida. Com a experiência da páscoa do Povo de Israel, em sua passagem da escravidão do Egito para a liberdade, atravessando o mar Vermelho, o deserto, fazendo aliança com Deus aos pés do monte Sinai, até chegar à Terra Prometida, a celebração dessa passagem de Deus e do povo adquiriu um caráter religioso. Deus passa libertando e fazendo aliança com o Povo eleito e o Povo passa por ação de Deus. É passagem de Deus e passagem do povo para uma situação melhor, de vida, de liberdade. A páscoa histórica ou páscoa-fato era celebrada e renovada em forma de ceia, a ceia pascal dos judeus.

Antes de deixar este mundo e voltar para o Pai, também Jesus mandou que seus discípulos celebrassem a páscoa verdadeira, o mistério pascal.

Guiada pelo Espírito Santo, a Igreja compreendeu esta dimensão pascal da vida dos cristãos. Começou, então, a celebrar a Páscoa de Cristo e dos cristãos, mortos para o pecado e participantes da vida nova em Cristo pelo Batismo, cada primeiro dia da semana em torno da Palavra de Deus e da Eucaristia. Ela o faz também uma vez por ano de maneira solene.

Para tristeza dos habitantes do hemisfério sul, a linguagem da celebração da Páscoa anual que foi se organizando no hemisfério norte está muito ligada a símbolos da natureza, do despertar da vida na primavera. A nós cabe celebrar a Páscoa de modo mais despojado. Claro que o símbolo da Ceia comemorativa é universal.

Não é possível mudarmos a data da celebração anual da Páscoa. Assim, se os nórdicos a celebram com rica linguagem simbólica da natureza, talvez nós tenhamos que buscar outra linguagem, ou seja, a comemoração dos fatos pascais ou da caminhada pascal da Igreja.

Vejo aqui uma forma de inculturação da celebração da Páscoa de Cristo e dos cristãos por meio da Campanha da Fraternidade durante a Quaresma com seu tema e seu lema. Na medida em que o povo passa de situações menos humanas para mais humanas, de pouca vida para mais vida através da conversão e do crescimento na justiça e na prática do novo mandamento, ele terá o que celebrar na comemoração da Páscoa de Cristo, que dá sentido a todas as passagens de menos vida para mais vida realizadas em cada fiel, na Igreja e na sociedade. A passagem da superação dos ódios, das discórdias, das injustiças, a promoção humana, constituem para uma comunidade e uma sociedade mais fraternas uma passagem.

Estas passagens concretas, históricas, carecem, entre nós, de maior expressão simbólica na Liturgia do Tríduo Pascal. Os nossos símbolos pascais ainda estão por demais vinculados ao despertar da natureza na primavera. Por isso, deveremos buscar sobretudo os símbolos universais da vida, tirados de preferência da História da Salvação, ou seja, símbolos pascais inspirados nas Sagradas Escrituras.

Símbolos da celebração anual da Páscoa

No decorrer da exposição das diversas experiências da páscoa cristã fomos apresentando também algum símbolo correspondente. Agora se trata de apresentar alguns símbolos que evocam a Páscoa anual celebrada pela Igreja.

Todos, de certa maneira, intuem o que seja um símbolo. Podemos dizer que o símbolo é um objeto, um elemento da natureza, uma imagem ou ação, um sinal que significa algo fora e além dele mesmo. É a mesma realidade em outro modo de ser. Símbolo é algo que contém, oculta, revela e comunica ao mesmo tempo o mistério. É a comunicação do mistério. Ele só é eloqüente numa ação. Por exemplo, a rosa. Ela não é símbolo por si mesma, mas, quando é oferecida a alguém, já não é rosa, mas o amor.

10.1. O Cordeiro

O Cordeiro, ou seja, o filhote de ovelha, é um dos símbolos pascais cristãos mais fortes, mais pleno de sentido. Temos o cordeiro da ceia pascal dos judeus,

Imolado já não morre; e, morto, vive eternamente!

descrito no Livro do Êxodo, 12,1-10. Com seu sangue foi untada a moldura das portas para que o anjo exterminador poupasse os primogênitos dos israelitas. No quarto poema do Servo sofredor, Isaías o compara com um cordeiro: *"Maltratado, Ele se humilhava e não abria a boca; como cordeiro conduzido para o matadouro e como ovelha muda diante dos tosquiadores não abria a boca"* (Is 53,7). Cristo é apresentado por João Batista como *"o Cordeiro de Deus que tira o pecado do mundo"* (Jo 1,29-36). O livro do Apocalipse usa em torno de trinta vezes a palavra Cordeiro para designar Jesus Cristo. É o Cordeiro imolado e vitorioso capaz de abrir o livro da vida. Os mártires são aqueles que lavaram suas vestes no sangue do Cordeiro. João vê um cordeiro, de pé, como que imolado. O céu celebra o triunfo do Cordeiro: *"Alegremo-nos, exultemos e demos glória, porque se aproximam as núpcias do Cordeiro. A esposa está preparada... Felizes os convidados para o banquete nupcial do Cordeiro"* (cf. Ap 19,7-9).

O Cordeiro significa Jesus Cristo como alimento, como o Salvador, como vitorioso. Em geral é representado com um estandarte. A partir dos textos bíblicos, o símbolo do cordeiro fala por si mesmo de modo eloqüente. Não necessita de maiores explicações.

10.2. O círio pascal

Eis a luz de Cristo!

O círio pascal está intimamente ligado ao símbolo da luz e do fogo. Cristo ressuscitado ilumina a assembléia, ilumina a Igreja, ilumina a noite escura da humanidade. Círio vem de cera. É a vela grande e ornada, acesa no fogo novo tirado da pedra virgem. Importante que o círio pascal fale por si mesmo, sem muita superposição de símbolos. Cristo como luz do mundo brota da oferta de sua vida, a cera que, ao doar-se, alimenta a chama luminosa.

É este também o sentido do aplique da cruz no círio pascal e dos cravos gloriosos. A luz do mundo nasce da imolação de Jesus Cristo na cruz, Ele que é o princípio e o fim da história, o Alfa e o Ômega, iluminando todo o tempo, particularmente, cada ano da Salvação. Por isso, a data do ano aplicada no círio em forma de cruz. Temos ainda os grãos de incenso significando os cravos das mãos, dos pés e do lado de Cristo, chagas gloriosas, sinais do sacrifício da entrega de Jesus ao Pai e de sua intensa oração enquanto pendia da cruz.

Esta luz do círio pascal brota da pedra. Era tradição acender o fogo novo lascando a pedra, ou através da fricção de pedras, a exemplo do velho isqueiro, modalidade depois substituída por outras formas de acender o fogo. A origem do fogo e da luz da pedra virgem simboliza que a luz brota do Cristo morto e sepultado num túmulo escavado na pedra e fechado também por uma pedra, donde ressurgiu a luz do mundo, o Cristo ressuscitado e glorioso.

10.3. O monograma de Cristo

A cruz pascal costuma ser apresentada pelo monograma de Cristo que consta das duas primeiras letras da palavra Cristo em grego, chamadas **chi** (X) e **ro** (P) em letras maiúsculas: ΧΡΙΣΤΟΣ **(Xristós)**. O X (chi) tem a forma de cruz e o P (ro = R) forma o Corpo de Cristo. Representa o Cristo glorioso presente na comuni-

Por nós no altar da cruz seu corpo ofereceu!

dade pelo mistério pascal de sua Morte e Ressurreição. O monograma tem várias formas. Às vezes, o **P** (ro) forma a haste central dentro do **X** (chi); outras vezes, completa uma haste do **X**. Por vezes a curva do **P** (ro) é apresentada como sol, a face resplandecente de Cristo. Conta-se que Constantino Magno teria visto este monograma de Cristo que lhe teria inspirado: "*Neste sinal vencerás*". Estamos, portanto, diante da cruz gloriosa, do Cristo Senhor. Como diz um hino de Páscoa: "Da morte o Cristo volta, a vida é seu troféu".

10.4. A Divina Misericórdia

A Divina Misericórdia é a imagem do Cristo ressuscitado, em geral de pé sobre um túmulo murado, cuja lápide foi afastada, com guardas dormindo e anjos em vigília. Trata-se de Jesus Cristo envolto apenas numa faixa com um estandarte na mão, encimado, em geral, por uma cruz. As estátuas, normalmente, dispensam o túmulo ou outros pormenores. Representa apenas o Cristo ressuscitado, envolto numa faixa com

Glória a Jesus triunfante que a própria morte venceu!

o estandarte. Esta é a representação tradicional, muito freqüente na iconografia pascal católica, inclusive no Brasil. Quase não existe igreja antiga no Brasil que não ostente tal imagem, que é a tradicional da Divina Misericórdia.

Jesus ressuscitado é a manifestação da misericórdia, da bondade do Pai, ressuscitando-o dos mortos em vista de sua obediência e de seu extremado amor ao Pai e ao mundo. Assim, o próprio dia da Páscoa é comemoração da Divina Misericórdia.

Por influência de Santa Faustina, recentemente canonizada, desenvolveu-se uma "devoção" à Divina Misericórdia, cuja imagem é pouco significativa, uma espécie de desdobramento, de gosto discutível, das imagens do Sagrado Coração de Jesus. Chegou-se até a dar mais um nome ao oitavo dia da Páscoa, ou o Segundo Domingo da Páscoa, chamado agora também de Domingo da Divina Misericórdia. Sorte que se diz que os formulários das orações e os textos bíblicos da Liturgia devem ser os do Segundo Domingo da Páscoa.

10.5. As mulheres junto ao sepulcro vazio

Maria Madalena com a outra Maria foram ver a sepultura do Senhor!

As mulheres junto ao sepulcro vazio do ressuscitado encontram-se com o anjo. Desejam cuidar do corpo do Senhor, ungindo-o com aromas. Encontram a pedra rolada da entrada do sepulcro. O anjo lhes comunica: *"Por que procurais entre os mortos quem está vivo? Ele não está aqui! Ressuscitou!"* (cf. Lc 24,5-6).

Mateus narra que, ao irem levar a notícia aos discípulos, elas encontram o Senhor e abraçam-lhe os pés. Tornam-se mensageiras do Cristo ressuscitado.

Onde se procura o Senhor ressuscitado, Ele se deixa reconhecer. Onde se realizam atos de amor, aí Jesus Cristo se manifesta vivo.

10.6. Pedro e João no sepulcro

Vinde ver o lugar onde estava o Senhor no sepulcro! Não está aqui. Ressuscitou!

Pedro e João vão correndo para o sepulcro. João chega primeiro. Inclinando-se, viu as faixas de linho no seu lugar, mas não entrou. Chegou Simão Pedro depois e entrou no sepulcro e viu as faixas de linho no seu lugar e o sudário que tinha estado so-

bre a cabeça de Jesus. Não estava porém com as faixas de linho, mas enrolado num lugar à parte. Entrou também o outro discípulo que chegou primeiro, viu e creu (cf. Jo 20,3-8).

Encontram as faixas de linho intactas no seu lugar. Foi isso que João viu e acreditou. Era a ressurreição virginal do Senhor cujo corpo glorificado podia atravessar a pedra, podia atravessar os lençóis. As faixas de linho intactas são sinal, são símbolo do Cristo Ressuscitado.

10.7. O Ressuscitado aparece a Maria Madalena

Jesus disse: Maria! Ela disse: Ó Mestre!

Maria Madalena procura o seu Mestre e Senhor no jardim, como a noiva do Cântico dos Cânticos. Ela o procura no sepulcro, ela o procura no jardim. Procurando, ela chora. Nesta busca, Jesus se dá a conhecer chamando-a pelo nome. Vai aos irmãos e diz-lhes: Subo para meu Pai e vosso Pai, meu Deus e vosso Deus. Maria foi anunciar aos discípulos que viu o Senhor e que lhe dissera aquelas palavras (cf. Jo 20,11-18). Maria torna-se a primeira missionária, a primeira mensageira do Cristo Ressuscitado.

10.8. Os discípulos de Emaús

Eles o reconheceram ao partir o pão!

"*Eles contaram o que se passara no caminho e como o reconheceram ao partir o pão*" (Lc 24,35). Os discípulos de Emaús realizam atos de amor. Hospedam o homem desconhecido que lhes falava do Messias durante o caminho, partilham com ele em ceia fraterna o pouco alimento que certamente dispunham naquele momento. E, no partir o pão, reconhecem o Senhor que imediatamente vão anunciar à comunidade dos Apóstolos reunida em Jerusalém.

Assim, a fração do pão na Ceia dos discípulos de Emaús torna-se símbolo do Cristo Ressuscitado. Ele se encontra vivo onde se partilha a vida significada pelo pão.

10.9. Aparição e Comunhão de mesa do Ressuscitado no círculo dos discípulos reunidos

Vede minhas mãos e meus pés, sou eu mesmo!
Tendes aqui alguma coisa para comer?

Jesus aparece aos onze, com a mensagem de paz. Eles pensam ser um fantasma. Mostra-lhes as mãos e os pés. *"Como ainda assim, dominados pela alegria, não acreditassem e permanecessem surpresos, perguntou-lhes: 'Tendes por aqui alguma coisa para comer?' Então lhe ofereceram um pedaço de peixe assado. Ele tomou e comeu à vista deles"* (Lc

24,41-43). No gesto de partilha do alimento, o peixe, Jesus lhes abre a inteligência. Eles reconhecem nele o Ressuscitado. Jesus se dá a conhecer ao comer com os discípulos.

O Evangelista João apresenta o reconhecimento do Ressuscitado no contexto de uma refeição, a refeição matinal junto ao lago. Jesus pediu a colaboração dos discípulos. Assim que desceram à terra, viram brasas acesas e um peixe sobre elas, e pão.

> *Disse-lhes Jesus: "Trazei alguns dos peixes que apanhastes agora". Depois Ele convida: "Vinde comer". Nenhum dos discípulos se atreveu a perguntar-lhe: "Tu quem és?", sabendo que era o Senhor. Jesus se aproximou, tomou o pão e deu para eles, e também o peixe. Esta foi a terceira vez que Jesus apareceu aos discípulos depois de ressuscitado dos mortos* (cf. Jo 21,1-14).

Também Marcos fala de uma aparição de Jesus Ressuscitado no contexto de uma ceia dos Apóstolos: *"Por fim apareceu aos Onze sentados à mesa. Repreendeu-lhes a incredulidade e esclerose de coração, porquanto não tinham acreditado nos que o tinham visto ressuscitado dos mortos. Nesta ceia, Jesus os envia ao mundo para evangelizar e foi elevado ao céu, e está sentado à direita de Deus"* (cf. Mc 16,14-20). Devemos lembrar aqui também a Ceia de Jesus ressuscitado com os discípulos de Emaús.

Jesus se dá a conhecer, Jesus se apresenta vivo, a vida brota onde se partilha, onde há colaboração a serviço da vida, onde acontecem atos de amor.

10.10. Cristo e Tomé

Põe aqui o dedo e olha minhas mãos, estende a mão e põe no meu lado e não sejas incrédulo mas homem de fé!

Outro símbolo do Cristo ressuscitado é a cena do encontro de Cristo com Tomé, que não acreditara na palavra dos companheiros e queria tocar no lugar dos cravos e colocar a mão no seu lado. Enquanto Tomé não estava na comunidade, ele não reconhece o Senhor Jesus com quem ele prometera morrer. Oito dias depois, estando Tomé presente, Jesus lhe dirige a palavra dizendo: *"Põe aqui o dedo e olha minhas mãos, estende a mão e põe no meu lado e não sejas incrédulo mas homem de fé. Respondendo, disse Tomé: 'Meu Senhor, e meu Deus"* (cf. Jo 20,24-29).

São as chagas gloriosas de Cristo os sinais palpáveis do amor de Deus pela humanidade, manifestado em Cristo Jesus. Como Tomé, todos precisamos de sinais palpáveis do amor de Deus para reconhecermos o Cristo ressuscitado. Por outro lado, os cristãos, mortos e ressuscitados pela fé em Cristo e pelo Batismo, são chamados a serem sinais palpáveis do amor e da bondade de Deus manifestados em Cristo morto e ressuscitado. É a espiritualidade pascal dos atos de amor. Apalpando a bondade de Deus manifesta na comunidade cristã, os de fora poderão ver e experimentar o Amor de Deus e assim ser salvos.

10.11. O peixe

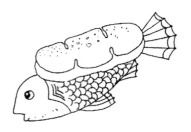

Jesus Cristo, Filho de Deus, Salvador!

O peixe, em grego, *ichtys*, está muito presente nos Evangelhos, tanto antes como depois da Ressurreição de Cristo.

O peixe tem simbolismo pascal em relação à Ressurreição de Cristo, ao Batismo e à Eucaristia.

O peixe lembra sempre a água em que ele vive. É também símbolo da vida e da fertilidade.

Entre os cristãos, primeiramente, o peixe foi usado para designar os batizados. Pouco a pouco se deduziu dessa figura o Cristo presente nas águas do Batismo, tendo sido Ele chamado o verdadeiro peixe e os cristãos de *pisciculi Christi*, peixinhos de Cristo. Os batizados são os peixinhos de Cristo. Diz Tertuliano: *"Mas nós, peixinhos, nascemos na água segundo nosso ichtys Jesus Cristo"*.

Depois, os cristãos encontraram Jesus Cristo no anagrama da palavra *ichtys*, peixe. Anagrama é uma palavra ou frase formada pela transposição das letras de outra palavra ou frase. Os cristãos perceberam na palavra peixe em grego as letras que podiam designar *Iesous Christós Theou Hyos Soter*, que quer dizer: Jesus Cristo Filho de Deus Salvador.

Com o símbolo do peixe, os cristãos podiam preservar em segredo sua fé em Cristo diante das perseguições, reconhecer-se entre si e, ao mesmo tempo, professá-la publicamente.

A relação mais direta do peixe com a Ressurreição se dá a partir do sinal de Jonas expelido do ventre da baleia. A representação do peixe, desempenhando um papel dramático nas representações da história do profeta Jonas engolido por um grande peixe que, depois de três dias, o lançou novamente à praia, constitui a interpretação simbólica do sepultamento e da Ressurreição de Cristo.

Estritamente relativo a Cristo, o peixe pode ser alimento de vida e símbolo da Ceia eucarística. É reproduzido com freqüência junto com o pão. Jesus, dando graças, multiplica pães e peixes. Em sua aparição junto ao mar, Jesus oferece pão e peixe. Na aparição aos onze, oferecem-lhe um pedaço de peixe assado. Ele tomou e comeu à vista deles (cf. Lc 24,42). Temos então o peixe e o pão partido que representam Cristo. Daí a figura muitas vezes repetida do peixe que carrega o pão partido, símbolo da Eucaristia, a Ceia Pascal.

10.12. O sol

Jesus Cristo, a Luz pascal!

Na Páscoa, Cristo é cantado particularmente como o sol triunfal que venceu o pecado e a morte, que dissipou as trevas. Quantas vezes Jesus se retira durante a noite em colóquio com o Pai e, ao raiar do sol, vai ao encontro dos discípulos. As mulheres da manhã da Ressurreição vão ao sepulcro muito cedo, quando ainda era escuro. Encontram-se, porém, com o sol triunfal que as ilumina. Mateus diz que foi ao amanhecer do primeiro dia da semana (cf. Mt 28,1). É Cristo, o sol do oitavo dia da criação.

A partir do sol, como símbolo do Cristo ressuscitado, podemos compreender o símbolo pascal popular do girassol. É símbolo do cristão que vive permanentemente voltado para Cristo, iluminado pelo Sol da vida, o Cristo ressuscitado.

10.13. O Aleluia

Este é o dia que o Senhor fez para nós. Aleluia!
Alegremo-nos e nele exultemos! Aleluia!

Aleluia, em hebraico *hallelu-yah*, significa literalmente louvor a Javé, *Louvai a Deus!* O louvor nasce do pasmo e da admiração em presença de Deus. Pressupõe uma alma tomada de expansão e arrebatamento; pode exprimir-se por um grito, uma exclamação, uma oração jubilosa. Facilmente se torna um canto. Quase sempre o motivo do louvor é explicitamente indicado. Às vezes não o é e, então, o louvor se baseia apenas em si mesmo. É o caso da exclamação Alleluia (Allelu-Yah, **Louvai a Já(vé)**, Louvai a Deus.

Pensemos no cântico aleluiático ao Cordeiro imolado e vitorioso do Apocalipse (cf. Ap 19,1-8). Compreendemos, então, como o **Aleluia** se tornou a exultação pascal por excelência. Na Quaresma, a Igreja faz jejum desse júbilo pascal para que possa prorromper no louvor ao Cristo Ressuscitado na Vigília Pascal, na aclamação do Evangelho da Celebração Eucarística. Ele se torna aclamação solene a toda hora no Tempo Pascal. Acrescentam-se aleluias às antífonas, aos cantos, aos responsórios, à despedida durante a Oitava da Páscoa. Enfim, a Páscoa anual ecoa como o **Aleluia** de exultação de cinqüenta dias. Daí que o Aleluia se apresenta como um eloqüente símbolo pascal.

10.14. Os ramos, a palma

Bendito o que vem em nome do Senhor. Hosana nas alturas!

A simbologia da palma refere-se à vitória, à ascensão, ao renascimento e à imortalidade. Os ramos de palma do Domingo de ramos, aludindo à entrada triunfal de Jesus em Jerusalém (cf. Jo 12,13), prefiguram a Ressurreição para além da Paixão e da Morte.

Este é também o sentido da palma dos mártires do Apocalipse que estão diante do trono do Cordeiro, vestidos de túnicas e com palmas nas mãos (cf. Ap 7,9).

10.15. Símbolos pascais mais ligados ao Batismo, a Páscoa dos cristãos

Considerando que o Batismo é a primeira páscoa dos cristãos e que a festa pascal anual é celebração da Páscoa de Cristo e dos cristãos, uma festa batismal, podemos apresentar aqui alguns símbolos pascais mais ligados ao Batismo.

10.15.1. Vestes brancas

Alvejaram suas vestes no sangue do Cordeiro!

Lembramos aqui as **vestes brancas** alvejadas no sangue do Cordeiro (cf. Ap 7,14). O branco é a cor da veste sacerdotal. Pelo batismo, tornamo-nos povo sacerdotal. Como símbolo desta nova realidade do despir-se do velho homem e revestir-se do homem novo em Cristo Jesus, temos a veste batismal deposta no oitavo dia da Páscoa, chamado Dominica *in albis*, o Domingo nas vestes brancas, em que os neófitos depunham as vestes com as quais se tinham revestido na Vigília Pascal após o Batismo. Por isso, o branco é também a cor do Tempo da Páscoa.

10.15.2. A água

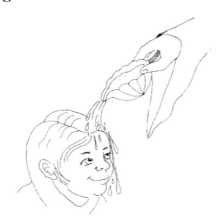

Minha alma tem sede de Deus, do Deus vivo! (Sl 41)

A água é um elemento da natureza profundamente ligado à Páscoa. O povo de Israel é um povo salvo das águas. O novo Povo de Deus, a Igreja, é também um povo salvo das águas do Batismo pela ação do Espírito Santo.

A água é símbolo pascal em sua dupla ação: a água que destrói e a água que salva. O povo de Israel atravessa o mar Vermelho a pé enxuto, lembrado na Vigília Pascal por meio da leitura do Livro do Êxodo. Jesus caminha sobre as águas, salva Pedro das águas. Deixa-se batizar nas águas do rio Jordão, do seu lado aberto jorra sangue e água. O rio de água viva que jorra do lado de Cristo continua fonte aberta da qual todo crente é chamado a beber. Isso basta para compreendermos o sentido da água como símbolo pascal.

10.15.3. *O cervo, corsa ou veado*

Como a corça suspira pelas correntes de água, assim minha alma suspira por ti, meu Deus!

O veado, cervo ou corça na mitologia, é símbolo da luz, em que a armação é entendida como raios de luz, e como símbolo do sol invicto, vencedor e protetor. Na Liturgia cristã torna-se símbolo do Batizando, inspirado no salmo 41(42): "*Como a corça suspira pelas correntes de água, assim minha alma suspira por ti, meu Deus"*. Às vezes, lembra a gazela. Como a gazela, sua imagem indica a velocidade, a fertilidade, renovação de vida. De acordo com o salmo 41, ele incorpora a alma do batizando que mergulhava nas águas vivificantes da piscina batismal. O salmo era cantado, segundo antiga tradição, pelos catecúmenos na noite pascal ao se dirigirem para o batistério. Assim o veado é, com freqüência, representado junto às águas da vida.

10.15.4. A pomba

Enviai, Senhor, o vosso Espírito e tudo será criado!

A pomba está intimamente ligada às águas e ao Espírito Santo. Nas origens, o Espírito de Deus pairava sobre as águas. A pomba, no dilúvio, traz no bico um sinal de vida, o ramo verde. O Espírito manifesta-se no

Batismo de Jesus no Jordão: *"Ao ser batizado todo o povo e quando Jesus, depois de batizado, rezava, abriu-se o céu e desceu sobre Ele o Espírito Santo em forma corpórea, como uma pomba, ouvindo-se do céu uma voz: 'Tu és meu Filho amado, de ti eu me agrado'"* (Lc 3,21-22).

O Espírito vivificante está presente onde brota a vida, onde a vida se renova e é levada à sua plenitude. É pelo Espírito que Jesus Cristo se ofereceu imaculado a Deus e limpará nossas consciências das obras mortas, para servirmos ao Deus vivo (cf. Hb 9,14). É ainda pelo Espírito que Cristo ressuscita dos mortos (cf. Rm 8,11). Sendo imagem corpórea do Espírito Santo, a pomba é, pois, símbolo da Ressurreição de Cristo e dos cristãos pelo Batismo e pela Crisma, também ela sacramento pascal.

10.16. Símbolos pascais populares

Alguns símbolos são ligados à Páscoa no âmbito da religiosidade/piedade popular. Não se encontram nos ritos litúrgicos. Lembremos dois símbolos pascais de grande uso popular.

10.16.1. O coelho ou a lebre

O coelho, como a lebre, pertence ao grupo dos animais da lua, porque dorme durante o dia e perambula durante a noite. Como a lua, vem e desaparece. Por sua fertilidade insere-se, juntamente com a lua, na contínua renovação da vida. A lebre distingue-se por sua velocidade. Na iconografia antiga, vemos a lebre corren-

Ressuscitou, como disse. Aleluia!

do ao encontro de um monograma de Cristo. Aparece também junto a um peixe que representaria Cristo. Santo Ambrósio, inspirado na Primeira Carta aos Coríntios, *"nem todos morreremos, porém todos seremos transformados"* (1Cor 15,51), entendeu a lebre e sua coloração que muda com a estação do ano como símbolo da Ressurreição.

O **coelho** é para nós, no Brasil, um símbolo pascal mais popular do que a lebre. Ele se distingue também pela fertilidade. Recolhe-se no inverno frio europeu e procria em tocas, sobretudo ao despertar da primavera. Os coelhos saem da toca com seus filhotes. Daí o coelho como símbolo da fertilidade e que procria nas tocas encontrar-se como símbolo da Ressurreição no coelho pascal, muitas vezes pintado nos ovos de páscoa. Entre nós, acabou se tornando coelho de chocolate.

10.16.2. Ovos de Páscoa

Jesus ressurgiu do sepulcro. Aleluia!

O ovo é símbolo de Páscoa quando ligado ao coelho ou independentemente dele. O ovo tornou-se símbolo da Ressurreição, no sentido de que Cristo, na manhã pascal, irrompeu do sepulcro em que se achava sepultado, como o pintainho do ovo, rompendo de dentro o seu invólucro. Daí veio a fundamentação cristã do costume dos ovos de Páscoa. Usam-se ovos naturais ou ovos recheados de amendoim torrado e açucarado, como é costume no sul do Brasil.

Talvez este costume de rechear os ovos esteja na origem do ovo de chocolate recheado ou não. Na minha infância não conhecia ovo de chocolate, mas sim barras de chocolate como presente de páscoa em família.

Infelizmente, o ovo de chocolate se tornou quase o único símbolo de Páscoa na sociedade de consumo atual. O interesse é quase exclusivamente comercial. O que interessa é o faturamento por ocasião do feriadão da Semana Santa. A Páscoa é boa se conseguiu empregar muita mão-de-obra na fabricação de coelhos e ovos de chocolate, se conseguiu vender muitas toneladas do produto.

É notório como as crianças e mesmo os adultos se deliciam com o chocolate. Talvez esta doçura possa ser relacionada com a experiência pascal cristã. Jesus Cristo por sua Morte e Ressurreição veio restituir o sabor da vida, a delícia do viver.

Contudo, ousamos afirmar que, assim como o Papai Noel é o pior símbolo de Natal, o ovo de chocolate é o pior símbolo da Páscoa cristã. Alguma coisa como a doçura do chocolate certamente poderá ser aproveitada.

11

Experiências pascais dos cristãos na vida diária

Vamos considerar agora a vida cristã, toda ela pascal. Em outras palavras, a espiritualidade pascal cristã a perpassar toda a vida.

O Concílio Vaticano II se expressa assim:

> *Contudo, a vida espiritual não se adstringe unicamente à participação da Sagrada Liturgia. O cristão, chamado para a oração comunitária, deve, não obstante, entrar em seu cubículo e orar ao Pai em segredo, deve até orar sem cessar, como ensina o Apóstolo* (cf. 1Ts 5,17). *E do mesmo Apóstolo aprendemos que devemos sempre trazer em nosso corpo a morte de Jesus para que também a sua vida se manifeste em nossa carne mortal. Razão por que suplicamos ao Senhor no sacrifício da Missa que nós mesmos, pela aceitação da oblação da hóstia espiritual, sejamos feitos "eterna dádiva" sua* (SC 12).

Aos Romanos, Paulo escreveu: *"Eu vos exorto, pois, irmãos, pela misericórdia de Deus, que vos ofereçais em vossos corpos, como hóstia viva, santa, agradável a Deus. Este é o vosso culto espiritual"* (Rm 12,1).

Na Sexta-feira na Oitava da Páscoa a Igreja reza: *"Deus eterno e todo-poderoso, que no Sacramento pascal restaurastes vossa aliança, reconciliando convosco a humanidade, concedei-nos realizar em nossa vida o mistério que celebramos na fé".*

Pelo Batismo, os discípulos de Cristo tornam-se homens e mulheres pascais.

Trata-se, portanto, de manifestar o mistério pascal de Cristo, sua Morte e Ressurreição através da vida diária, consagrando desta forma o mundo e todas as atividades a Deus.

Já vimos que páscoa tem caráter dinâmico de caminhada. A vida das pessoas está repleta de experiências de passagem, de travessias de um lugar para outro, de uma situação para outra melhor em Deus, em Cristo morto e ressuscitado.

Importa perceber a dimensão pascal na história de cada um e da comunidade, desde os grandes acontecimentos até os fatos mais simples e cotidianos. Isso nos mais diversos níveis da existência humana.

11.1. No nível da existência

Nossa vida cotidiana está repleta de experiências pascais, que podem ser vividas numa dimensão religiosa e cristã.

11.1.1. Passagens no tempo da vida

A mulher, depois de ter dado à luz um filho, já não se lembra da aflição, pela alegria que sente de ter vindo ao mundo um homem! (Jo 16,21)

A primeira grande experiência de páscoa consiste na própria vida do ser humano. Ele a percebe como passagem. A vida é passageira. O ser humano percebe que tem um começo no nascimento e um fim, na morte, sem que a morte seja o fim.

No decorrer da vida existem outras tantas passagens, como a adolescência, a maturidade, a opção vocacional e profissional, a conclusão da fase dos estudos, o casamento, os filhos, as datas jubilares, a idade madura, as realizações, as vitórias alcançadas e outras tantas.

11.1.2. Passagens no nível do relacionamento humano

No nível do humano, temos a experiência da amizade, do amor em suas diversas expressões, a reconci-

Amai-vos uns aos outros como eu vos amei!

liação, a vitória sobre o egoísmo, a superação de uma dependência, o comer e o beber juntos.

11.1.3. *Experiências de páscoa na relação com a natureza*

Contemplando estes céus que plasmastes,
vendo a luz e estrelas brilhantes,
perguntamos: "Senhor, que é o homem,
para dele assim vos lembrardes?" (Sl 8)

Temos acontecimentos ligados à natureza: o despertar de um novo dia, o nascer do sol, um passeio pelo mar, uma noite estrelada, uma chuva benfazeja, um bom tempo esperado, o galgar uma montanha, uma tempestade, a passagem das estações do ano; a semente que nasce, a colheita dos frutos amadurecidos, o salário conquistado pelo trabalho; um banho restaurador. Fenômenos da natureza podem levar as pessoas a fazerem uma experiência de passagem.

11.1.4. *Os acontecimentos, experiências de passagem*

Como é bom e agradável irmãos viverem unidos! (Sl 132)

No nível dos acontecimentos. Em âmbito familiar: os nascimentos, a recuperação da saúde, os filhos que partem do lar, que se firmam na vida, os encontros da família; as vidas colhidas por Deus como frutos maduros. Acontecimentos da comunidade: as lutas na esperança de dias melhores, a perseverança na luta, as vitórias conquistadas, as festas. Acontecimentos do país e do mundo: tomada de consciência da identidade de um povo; a paz conquistada, a libertação de um povo.

11.1.5. Experiências do sagrado

Não basta viver.
É preciso celebrar a vida!

No nível religioso, temos: o dom da fé, o Batismo, a iniciação à vida eucarística (Primeira Comunhão), as festas religiosas, as Missas dominicais, os sacramentos e assim por diante.

Todos esses fatos e tantos outros podem ser experiências pascais e, por isso mesmo, objetos, motivos de celebração, a serem mergulhados na Páscoa de

Cristo, em que recebem todo o seu significado. Isto é celebrar a vida.

11.2. As diversas dimensões da vida humana

As diversas dimensões da vida humana podem ser vividas como experiências pascais:

11.2.1. O homem orante

Tu és meu filho muito amado!
Tu és minha filha muito amada!

O *homo orans*, o ser humano orante: a experiência do sagrado através da oração individual ou comunitária. A experiência da dimensão religiosa, de um Ser superior e da comunhão com ele, a vivência da fé, a prática religiosa, constituem experiências de passagem. É o ser humano mergulhado no mistério de Deus, de vida e de felicidade.

11.2.2. O homem sábio

A imortalidade se encontra na união com a Sabedoria (Sb 8,17).

O *homo sapiens*: temos a passagem da ignorância para o conhecimento; do analfabetismo para o domínio da escrita e da leitura, através das quais se abrem novos horizontes para o ser humano. As pesquisas, as descobertas científicas da essência das coisas. É a dimensão do ser humano que estuda, que aprende, que faz a experiência do saber através do estudo, da pesquisa. Nestas atividades o homem sábio, à luz da Sabedoria, pode realizar passagens das trevas à luz, da ignorância para o saber.

11.2.3. O homem que trabalha

O *homo faber*, o homem que faz: o homem que trabalha, que cria, que transforma as coisas, participando assim da ação criadora de Deus. O trabalho constitui um elemento essencial na realização do ser humano. O resultado do trabalho poderá servir de meio para fazer o

Brilhe a vossa luz diante dos homens
para que vejam as boas obras
e glorifiquem vosso Pai que está no céu! (Mt 5,16)

bem, pela partilha dos bens. Constituindo experiências de páscoa, o trabalho pode levar à experiência de Deus.

11.2.4. O homem que brinca

O *homo ludens*, o ser humano que brinca. Nesta dimensão, temos a experiência do belo através das artes. Temos a literatura, a pintura, a música, o esporte, o lazer, a dança, as festas. Não basta ao ser humano viver, é próprio dele também gozar a vida, celebrar a vida. Ele o faz através da festa, do cultivo das artes, do lazer, do bom e do belo, atributos do próprio Deus. Estas celebrações da vida podem constituir experiências pascais de passagem para o bom, o belo, a reconciliação, a comunhão, o amor. Por meio da experiência do belo e do bom, do cultivo das artes, o ser humano pode experi-

Eu era seu encanto, dia após dia,
brincando, todo o tempo, na sua presença,
brincando na superfície da terra! (Pr 8,3-31)

mentar, gozar o Bom e o Belo, o próprio Deus. O cristão ressuscitado com Cristo venceu o mal e a morte. Ele é livre. Por isso, pode brincar diante do Senhor.

11.2.5. *O homem solidário*

Ninguém tem maior amor do que
quem dá sua vida pelos amigos (Jo 15,13)

O *homo solidarius*, o ser humano solidário. O ser humano não vive só para si. Ele é chamado para a solidariedade, para a partilha dos bens, para o amor, a doação, o serviço. O ser humano sente-se realizado quando é solidário, quando vence o próprio egoísmo e contribui para a realização do próximo e da comunidade. Pelo amor gera-se a vida. Todas essas experiências podem constituir passagens para uma situação melhor, tanto pessoal como da comunidade.

11.2.6. O homem que sofre

Por suas feridas fostes curados! (1Pd 2,24)

O *homo patiens*, o ser humano que sofre. O ser humano é criatura. Por isso mesmo limitado, frágil. Daí a dor, o sofrimento. A superação do sofrimento ou a convivência com ele, a passagem da doença à saúde, constituem experiências pascais. Na doença, na dor, na enfermidade o ser humano pode tomar consciência de sua identidade diante do Criador. O sofrimento pode ser ocasião de abrir o coração para a gratidão pelo dom da vida e da saúde, para a compreensão dos outros. Assim, podem ser passagens para situações melhores. Quando são enfrentados numa dimensão de fé e de confiança, na gratidão pelo dom da vida, os sofrimentos podem constituir experiências pascais muito fortes.

Conclusão

A vida do ser humano é uma grande páscoa, passagem por este mundo, por esta vida terrena rumo ao repouso eterno em Deus.

O ser humano é chamado a realizar esta passagem da morte para a vida eterna. Mas não basta viver a vida. É preciso celebrar a vida em sua realidade pascal.

Os cristãos podem viver esta vida pascal celebrando-a no mistério pascal de Cristo.

Podem fazê-lo de duas maneiras. A primeira é a Liturgia celebrada no rito, nos sacramentos e outras celebrações cristãs. Celebrar a vida é fazer a experiência das páscoas do indivíduo e da comunidade na experiência pascal de Jesus Cristo morto e ressuscitado, que dá sentido às experiências pascais dos cristãos. Não só a páscoa de Jesus Cristo, nem só a páscoa dos cristãos, mas a páscoa do Cristo total, cabeça e membros.

A segunda é a Liturgia vivida, a Liturgia testemunhada na ação da caridade, vivendo em tudo o que é e o que faz numa dimensão pascal. São Paulo chama isso de culto espiritual. Toda a vida do cristão pode e deve ser um culto espiritual agradável a Deus, mergulhada no mistério pascal de Cristo morto e ressuscitado.

Concluamos com um louvor pascal, o hino de Laudes da Páscoa:

Desdobra-se no céu
a rutilante aurora.
Alegre, exulta o mundo;
gemendo, o inferno chora.

Pois eis que o Rei, descido
à região da morte,
àqueles que o esperavam
conduz à nova sorte.

Por sob a pedra posto,
por guardas vigiado,
sepulta a própria morte
Jesus ressuscitado.

Da região da morte
cesse o clamor ingente:
"Ressuscitou!", exclama
o Anjo refulgente.

Jesus, perene Páscoa,
a todos alegrai-nos.
Nascidos para a vida,
da morte libertai-nos.

Louvor ao que da morte
ressuscitado vem,
ao Pai e ao Paráclito,
eternamente. Amém.

Índice geral

Sumário, 7

Introdução, 9

1. O que é Páscoa, 11

2. Páscoa no sentido religioso, 15

3. Jesus Cristo, a Páscoa verdadeira, 18

4. O mistério pascal, 23

5. O mistério pascal vivido nos sacramentos, 28

   5.1. Sacramentos pascais de iniciação à vida cristã, 29

   5.1.1. O Batismo, vida que nasce, 29

   5.1.2. A Crisma ou Confirmação, vida fecunda no Espírito Santo, 31

   5.1.3. A Eucaristia, banquete do amor e da vida, 33

   5.2. Os sacramentos da cura, 37

   5.2.1. O sacramento de Penitência ou Reconciliação, celebração da misericórdia e cura espiritual, 37

   5.2.2. Unção dos Enfermos, alívio, cura e perdão, 40

   5.3. Os sacramentos da fecundidade eclesial ou do serviço da comunidade, 43

   5.3.1. A Ordem, serviço de salvação à humanidade, 43

   5.3.2. O Matrimônio, testemunho do amor fiel de aliança, 45

6. O mistério pascal em outras celebrações, 49

   6.1. A celebração da Palavra de Deus, 49

   6.2. A Liturgia das Horas, 51

   6.3. Profissão religiosa e Consagração das virgens, 53

   6.4. Celebrações de bênção, 54

   6.5. Exéquias, 55

7. O Domingo, Páscoa semanal, 57

8. O mistério pascal desdobrado durante o ano, 60

   8.1. Os mistérios de Cristo celebrados durante o ano, 60

   8.2. A veneração especial da Virgem Maria, 62

   8.3. A comemoração dos santos, 63

9. A celebração anual da Páscoa, 65

10. Símbolos da celebração anual da Páscoa, 69

   10.1. O Cordeiro, 69

   10.2. O círio pascal, 71

   10.3. O monograma de Cristo, 72

   10.4. A Divina Misericórdia, 75

   10.5. As mulheres junto ao sepulcro vazio, 75

   10.6. Pedro e João no sepulcro, 76

   10.7. O Ressuscitado aparece a Maria Madalena, 77

   10.8. Os discípulos de Emaús, 78

   10.9. Aparição e Comunhão de mesa do Ressuscitado no círculo dos discípulos reunidos, 79

   10.10. Cristo e Tomé, 81

   10.11. O peixe, 82

   10.12. O sol, 84

   10.13. O Aleluia, 85

10.14. Os ramos, a palma, 86

10.15. Símbolos pascais mais ligados ao Batismo, a Páscoa dos cristãos, 87

10.15.1. Vestes brancas, 87

10.15.2. A água, 88

10.15.3. O cervo, corsa ou veado, 89

10.15.4. A pomba, 90

10.16. Símbolos pascais populares, 91

10.16.1. O coelho ou a lebre, 91

10.16.2. Ovos de Páscoa, 93

11. Experiências pascais dos cristãos na vida diária, 95

11.1. No nível da existência, 96

11.1.1. Passagens no tempo da vida, 97

11.1.2. Passagens no nível do relacionamento humano, 97

11.1.3. Experiências de páscoa na relação com a natureza, 98

11.1.4. Os acontecimentos, experiências de passagem, 99

11.1.5. Experiências do sagrado, 100

11.2. As diversas dimensões da vida humana, 101

11.2.1. O homem orante, 101

11.2.2. O homem sábio, 102

11.2.3. O homem que trabalha, 102

11.2.4. O homem que brinca, 103

11.2.5. O homem solidário, 104

11.2.6. O homem que sofre, 105

Conclusão, 107

CULTURAL
Administração
Antropologia
Biografias
Comunicação
Dinâmicas e Jogos
Ecologia e Meio-Ambiente
Educação e Pedagogia
Filosofia
História
Letras e Literatura
Obras de referência
Política
Psicologia
Saúde e Nutrição
Serviço Social e Trabalho
Sociologia

CATEQUÉTICO PASTORAL
Catequese
Geral
Crisma
Primeira Eucaristia

Pastoral
Geral
Sacramental
Familiar
Social
Ensino Religioso Escolar

TEOLÓGICO BÍBLICO
Biografias
Devocionários
Espiritualidade e Mística
Espiritualidade Mariana
Franciscanismo
Autoconhecimento
Liturgia
Obras de referência
Sagrada Escritura e Livros Apócrifos

Teologia
Bíblica
Histórica
Prática
Sistemática

REVISTAS
Concilium
Estudos Bíblicos
Grande Sinal
REB (Revista Eclesiástica Brasileira)
RIBLA (Revista de Interpretação Bíblica Latino-Americana)
SEDOC (Serviço de Documentação)

VOZES NOBILI
O novo segmento de publicaç[ões]
da Editora Vozes.

PRODUTOS SAZONAIS
Folhinha do Sagrado Coração de Jesus
Calendário de Mesa do Sagrado Coração de Jesus
Almanaque Santo Antônio
Agendinha
Diário Vozes
Meditações para o dia-a-dia

CADASTRE-SE
www.vozes.com.br

EDITORA VOZES LTDA.
Rua Frei Luís, 100 – Centro – Cep 25.689-900 – Petrópolis, RJ – Tel.: (24) 2233-9000 – Fax: (24) 2231-4676 –
E-mail: vendas@vozes.com.br

UNIDADES NO BRASIL: Aparecida, SP – Belo Horizonte, MG – Boa Vista, RR – Brasília, DF – Campinas, SP –
Campos dos Goytacazes, RJ – Cuiabá, MT – Curitiba, PR – Florianópolis, SC – Fortaleza, CE – Goiânia, GO –
Juiz de Fora, MG – Londrina, PR – Manaus, AM – Natal, RN – Petrópolis, RJ – Porto Alegre, RS – Recife, PE –
Rio de Janeiro, RJ – Salvador, BA – São Luís, MA – São Paulo, SP
UNIDADE NO EXTERIOR: Lisboa – Portugal